Müller/Mann · **Pasta al dente**

Birgit Müller

Pasta al dente

Geschichte, Namen
und Rezepte

Illustrationen von
Christoph M. Mann

Hugendubel

Die Deutsche Bibliothek – CIP-Einheitsaufnahme
Müller, Birgit:
Pasta al dente : Geschichte, Namen und Rezepte / Birgit Müller.
Ill. von Christoph M. Mann. – 2. Aufl. – München: Hugendubel, 1998
ISBN 3-88034-785-9
NE: Mann, Christoph [Ill.]

2. Auflage 1998

Lektorat: Kristin Bamberg, München
Umschlaggestaltung: Zembsch' Werkstatt, München
Produktion: Tillmann Roeder, München
Satz: Uhl + Massopust, Aalen
Druck und Bindung: Bosch, Landshut
Printed in Germany

ISBN 3-88034-785-9

Inhalt

LE TAGLIATELLE ALLA BOLOGNESE

Vorwort

Selbst der Geheime Rat von Goethe geriet ins Schwärmen. In Girgenti auf Sizilien wird ihm Genuß gleich zweifach zuteil. Beide Male sind es die sinnlichen Genüsse von ungewöhnlicher Delikatesse, wie die metaphernreiche Beschreibung des 1787 38jährigen Italien-Reisenden nahegelegt. Von der Bewunderung einer Skulptur mit schönen Jünglingen, die ihm »einstweilen als ein Beispiel der anmutigsten Zeit griechischer Kunst gelten soll«, geht Goethes Bericht ziemlich unvermittelt über zu jenen Gebilden, die »an Weiße und Zartheit« nicht ihresgleichen zu haben schienen. Wer denkt, nach den Jünglingen ginge es nun um die Frauen, irrt. Es geht um Pasta!

Was den Feinschmecker italienischer Küche freut, keine Frage. Der Dichter ist Gast bei einer Familie, die Nudeln fabrizierte, »und zwar von der feinsten, weißesten und kleinsten Sorte, von denen diejenigen am teuersten bezahlt werden, die, nachdem sie erst in die Gestalt von gliedslangen Stiften gebracht sind, noch von spitzen Mädchenfingern einmal in sich selbst gedreht eine schneckenhafte Gestalt annehmen.« Hatte Goethe eine erotische Beziehung zu Nudeln?

Nicht doch! Wohl aber offensichtlich zur Pasta. »Wir setzten uns zu den hübschen Kindern, ließen uns die Behandlung erklären und vernahmen, daß sie aus dem besten und schwersten Weizen, *grano forte* genannt, fabriziert würden. Dabei kommt viel mehr Handarbeit als Maschinen und Formwesen vor. Und so hatten sie uns denn auch das trefflichste Nudelgericht bereitet...«

Grano forte ist natürlich *grano duro*, wie man bei Birgit Müller lernen kann, die – so stelle ich mir vor – den Herrn aus Weimar in die Geheimnisse der Pasta und ihrer Vielfalt hätte einweisen können, so daß Goethe nach einer solchen Lektion nicht mehr so teutonisch von »Nudeln« in seiner »Italienischen Reise« geschrieben hätte. Sind doch die Bezeichnungen für die Pasta reine Poesie, was Goethe wohl entging. Die Namen zergehen sozusagen auf der Zunge: agnolotti, anolini, bigoli, farfalle, garganelli, orecchiette, pappicci, ruole, stivaletti, zite – um nur einige der kunstvollen Gebilde zu nennen. Wer zählt die Namen, nennt die Formen, die alle auf den gastlichen Tisch kommen können. Mit den originellen Pastaformen hat Italien – parallel zu seinen berühmten Baumeistern – Ornament- und Designgeschichte geschrieben. Man lese das Pastario in diesem Buch, das eine Enzyklopädie der besonderen Art ist: eine Zusammenstellung aller italienischer Pastasorten, durch die man sich liest, wie wir uns als Kinder durch das Schlaraffenland essen wollten. Aber bitte al dente!!

Die Autorin leitet ein Traum – die Suche nach dem »traumhaften Maccheronibaum«, von dem es bei Heinrich Heine heißt, er stehe in Italien, vollbehangen mit goldgelbbuttrigen Maccheroni. Birgit Müller hat diesen Baum zwar nicht gefunden, er wird bleiben, was er immer schon war, ein Traum und eine schöne Erfindung der Literatur; aber die Autorin hat ihrer brillant geschriebenen Kulturgeschichte der Pasta eine literarische Dimension gegeben, wie sie in Büchern zum Themenfeld »Essen und Trinken« nicht die Regel ist.

Ein Buch zum Lesen und zum Träumen und auch zum Ausprobieren, um dem Ziel, dem »traumhaften Maccheronibaum« näherzukommen: Durch die Rezepte, die Birgit Müller gesammelt hat und an die Leserinnen und Leser ihres Buches weitergibt.

Wer sich so richtig auf die Pasta einläßt, leistet nebenbei auch einen Beitrag zum Frieden. Wieso? Man schlage nach bei Marinetti, lese seinen futuristischen Angriff auf die Spaghetti, die – so der kriegsbegeisterte Dichter in seinem Manifest »La Cucina Italiana« – den Italiener im Gegensatz zu den »fleischessenden Deutschen« schwach und deshalb kriegsuntüchtig mache. Wäre es doch so! Dann könnte »Viva Spaghetti« zum internationalen Friedensruf werden.

Bremen, im Oktober 1994 *Alfred Paffenholz*

Danksagung oder: Pasta macht glücklich

Wer Pasta liebt, ißt sie selten allein. Aus diesem Grunde möchte ich allen Freundinnen und Freunden danken, die über Jahre mit mir meine Liebe und Leidenschaft zur Pasta geteilt haben. In der Erinnerung verbinden sich mit ihnen unvergeßliche Pastagerichte und nicht enden wollende Gespräche über sie.

Besonders denke ich an die für mich damals völlig unbekannte *pasta ciucca*, die ich in der Nähe von Como gegessen und einmal für italienische Freunde in deren Haus gekocht habe. Kein großes Lob, nur Schimpfe habe ich mir bei Fabio, ihrem Sohn, eingehandelt, der dieses Gericht als ›Erwachsenenessen‹ bezeichnete und es nicht anrührte, weil er den Wein herausschmeckte. Die phantastischen *trenette al pesto* bei Serafino in Cervo haben eine bleibende Erinnerung hinterlassen und werden jährlich aufgefrischt; eine Wiederholung wert sind in den Hügeln der Langhe an einem schon herbstlichen Oktoberabend die *taglierini* mit weißen Trüffeln bei Claudia und Tonino; nie enden sollte das ausgefallene Pasta-Essen mit Fisch bei Livia und Alfonso an einem schönen Septembertag in ihrem gastfreundlichen Haus am Golf von Neapel. Von den lustigen Nachmittagen bei *pappardelle* und Hasenragout in Grassina/Florenz im Haus von Piera, Giancarlo, Antonio und Lorenzo schwärmen heute noch alle. An Vicenza und Venedig erinnern mich Tage des Karnevals, an denen sich – neben den Frittelle – auch viel um Pasta drehte, die wir im großen Kreis gekocht und verzehrt haben. Und schließlich die Geschichte mit den Pansoti bei Genni in Mailand, die dazu beigetragen haben, daß dieses Buch entstand.

Aber auch in Bremen kann es hoch hergehen und nicht nur Pastaliebhaber, wie meine Freunde Rosi und Klaus, sondern auch die Hausmitbewohner werden angesteckt, wenn wir spät in der Nacht eine *spaghettata aglio e olio* auftischen. Angenehm und lustig ist es immer zugegangen, wenn die Pasta im Mittelpunkt stand – und so soll es auch bleiben!

Mein ganz besonderer Dank gilt Antonio Marchetti aus Neapel für seine unermüdliche Bereitschaft, sich mit mir über das Thema Pasta auszutauschen; Lejla Mancusi Sorrentino aus Neapel, die mir über die gemeinsame Liebe zur Pasta eine Freundin geworden ist; den Organisatoren des Pastafestivals: die Associazione Pro Loco, Comune von Gragnano/Neapel; Marcella und Salvo, Angela und Angelo sowie den

Pastifici Ferrara in Palermo und Barbagallo in Catania; Eva Agnesi für ihre immer freundliche und aufgeschlossene Art; Alfred Paffenholz, der für dieses Buch auf meine Bitte das Vorwort verfaßt hat; Christoph M. Mann, der nicht nur mich aufs neue mit seinen außergewöhnlichen Arbeiten überraschte; den Köchinnen und Küchenchefs, die mir liebenswürdigerweise ihre Rezepte überlassen haben.

Schließlich danke ich Michael, der mich auf vielen Reisen begleitet hat, nie müde wurde, meine immer wieder neuen Pastarezepte zu probieren und versprochen hat, mich bald mit einem ganz besonderen Rezept zu überraschen.

Für die Bereitstellung der Abbildungen danke ich Eva Agnesi (S. 19, 20, 22, 27, 29, 33, 35, 36), Antonio Marchetti (S. 30, 31) und Gianni Esposito Cesariello/Claudio Lombardi/Nicola D'Ammora (S. 42).

Geschichte der Pasta in Italien

Pansoti

Es waren die letzten Tage meiner Ferien, die ich in Apulien im Gargano verbracht hatte. Meine Rückreise führte, wie so oft, über Mailand. Dieses Mal hatte ich mich mit einer Freundin verabredet. Bei ihr wollte ich meinen Italienaufenthalt mit einem Abendessen beenden.

Für den nächsten Abend hatte Genni einige Freunde eingeladen und mir am Tag zuvor verraten, was sie sich mir zuliebe als Vorspeise ausgedacht hatte. Sie kennt meine Vorliebe für italienische Nudelgerichte und wußte auch, daß ich ihr bei deren Zubereitung gerne helfen würde. Sie wollte eine Spezialität aus ihrer ligurischen Heimat kochen und hatte dafür – wie ich später merken sollte – bei den Vorbereitungsarbeiten schon meine Hilfe nötig: Es gab Pansoti, gefüllte Teigtaschen, wie man sie nur an der *Riviera di Levante* kennt.

Schon im Jahr zuvor hatten Genni und ich diese vielgerühmten Pansoti zubereiten wollen, und ich erinnere mich nur zu gut, wie wir in Mailand vergebens auf der Suche nach verschiedenen Kräutern für die Füllung gewesen waren. Doch diesmal hatte Genni sie vorsorglich aus Genua, wo ihre Eltern leben, mitgebracht.

Die Zubereitung der Pansoti gelang uns gut. Genni war zufrieden, das Essen war köstlich und die Gäste waren begeistert. Wie so oft wurde während des Essens über das Essen gesprochen, vor allem natürlich über die Pansoti und ganz allgemein über die Pasta. Dabei stellte sich heraus, daß die italienischen Freunde alle aus anderen Regionen Italiens kamen. So wurde aus der Unterhaltung ein regelrechter Wettstreit über das Wissen um die besten Pastasorten und die verschiedenen Arten, sie zuzubereiten. Erstaunlicherweise machte ich dabei nicht einmal die schlechteste Figur. Mir kam wohl zugute, daß ich nicht nur viel in Italien umherreise, Land, Leute und Küche sehr mag, sondern auch, von keinem regionalen Vorurteil und Stolz behindert, immer offen bin für alle Arten von Pasta. Und wieder einmal bestätigte sich an diesem Abend, wie wunderbar heiter es sich über dieses einzigartige Geschenk der italienischen Küche diskutieren und philosophieren läßt.

Bei meinen Fahrten quer durch das Land habe ich auf diesem Gebiet wirklich viel gelernt. Nicht nur in den Küchen von Freunden, sondern auch in den Osterien und Trattorien. Italienische Gastronomen sind sehr aufgeschlossen und geben Interessierten gern Auskunft. Im Piemont habe ich diese Erfahrung oft gemacht, selbst während der Trüffelzeit, wenn die Restaurants Hochsaison haben. In diesen Monaten werden die schmalen Eier-Bandnudeln mit dem weißen Trüffel, dem *tartufo bianco*, serviert, und manchmal konnte ich beim Zubereiten der berühmten *tajarin* zuschauen. Für mich ein willkommener Anlaß, in diese Region zu reisen. Gespräche über Zusammensetzung und Zubereitung verschiedener Gerichte ergaben sich ganz von selbst. Erlebnisreich sind meine Küchengespräche immer gewesen; wobei mich besonders die vielen flinken Frauenhände beeindruckt haben, wie sie den Teig kneten, ihn schneiden, rollen, in verschiedene Formen bringen oder füllen.

Aber zurück nach Mailand. Während unserer anregenden Unterhaltung bei Tisch erwähnte Genni ein Museum an der ligurischen Küste in einem kleinen Dorf namens Pontedassio. Dieses Museum, so habe sie erfahren, sei tatsächlich der Geschichte der Pasta gewidmet. Keiner der anwesenden Freunde hatte je davon gehört und konnte sich auch nicht so recht vorstellen, wie man diese Geschichte angesichts ihres regionalen Reichtums als *eine* Geschichte, und dann auch noch in einem Museum, dokumentieren kann.

Mich hatte der Hinweis auf ein Museum dieser Art neugierig gemacht. Auch deshalb, weil es sich dabei um das einzige Spaghetti-Museum in Europa oder doch wenigstens in Italien handeln müßte. Es ist schon sonderbar, daß sich dieses Museum weder in Neapel noch Florenz, Bologna oder Genua befindet, sondern in einem kleinen Dorf, nicht weit von der französischen Grenze.

Harlekins Traum

Am nächsten Morgen steht mein Entschluß fest. Ich werde meine Rückreise um ein paar Tage verschieben und nach Pontedassio fahren. Mich interessiert dieses Museum, und ich bin gespannt darauf, Spaghetti und andere italienische Teigwaren auch einmal als Museumsstücke zu erleben.

In der Vorfreude darauf hatte ich Lust, in einer Trattoria in Finale Ligure einen Teller Pasta zu essen. In dieser leichten, angenehmen und fröhlichen Atmosphäre schmeckten die selbstgemachten Teigwaren ausnehmend gut, und ich konnte mich sehr gut in die Rolle des Harlekins in Heinrich Heines Traum versetzen: »Nur gar zu oft denke ich an Italien und am öftersten des Nachts. Vorgestern träumte mir: ich befände mich in Italien und sei ein bunter Harlekin und läge recht faulenzerisch unter einer Trauerweide. Die herabhängenden Zweige dieser Trauerweide waren aber lauter Maccheroni, die mir lang und lieblich ins Maul flossen, statt Sonnenstrahlen lauter gelbe Butterströme, und endlich fiel von oben herab ein weißer Regen von geriebenem Parmesankäse.«

Heine träumt sich fort in ein Land, in dem er sich – wie im Schlaraffenland faul unter Bäumen liegend – sättigen läßt. Er schlüpft dabei in ein Kleid, das auch Pulcinella, dem neapolitanischen Spaßmacher der »Commedia dell'Arte« und großen Freund der Maccheroni gehört haben könnte. Jacopo Vittorelli feierte ihn in einem 1773 verfaßten Kurzepos »I maccheroni« gar als den Erfinder dieser kulinarischen Wohltat, die »die Seele fröhlich« mache. Pulcinella, so liest man bei Vittorelli, »nimmt das Mehl aus dem Beutel, holt das Wasser aus dem Bächlein und überlegt sich ein Meisterwerk. Er macht eine Sorte Pasta viel schneller, als ich beschreiben kann. Dann gibt er sich die Mühe, Teigplatten zu bereiten, formt sie zu Röhrchen und nennt sie Maccheroni.« Und so »soll Pulcinella zwischen den berühmten Helden ganz hoch in den Himmel gehoben werden. Es verschwinden die Gifte, die das Leben zerstören, und es leben für immer die Maccheroni.«

Pulcinella ißt auf einem Esel reitend Maccheroni, um 1800.

Wie entsetzt mußte Pulcinella daher gewesen sein, als man ihn zur Zeit des Karnevals spaßeshalber zum König von Neapel machte, ihm aber seine geliebten Maccheroni vorenthielt, weil man der Ansicht war, sie seien für eine solch vornehme Persönlichkeit eine zu einfache Speise. Als Pulcinella das spitzbekam, hatte er nichts Eiligeres zu tun, als unverzüglich von diesem ehrenvollen Amt zurückzutreten.

Heine wiederum war von der italienischen Küche so sehr eingenommen, daß er sogar den Vergleich mit den Frauen nicht scheute: »Italiens gelbfette, leidenschaftsgewürzte, humoristisch garnierte, aber doch schmachtend idealische Küche trägt ganz den Charakter der italienischen Schönen. Oh, wie sehne ich mich manchmal nach den lombardischen Stuffados, nach den Taglierinis und Broccolis der holdseligen Toskana! Alles schwimmt in Öl, träge und zärtlich, und trillert Rossinis süße Melodien, und weint vor Zwiebelduft und Sehnsucht! Den Maccheroni mußt du aber mit den Fingern essen, und dann heißt er: Beatrice!«

Zauberhafte Maccheroni

Apropos Frauen! Was auch immer Heine sich gedacht haben mag – so ganz falsch ist sein Vergleich mit ihnen nicht gewesen. Der Legende nach soll nämlich nicht Pulcinella, sondern lange vor ihm eine junge Frau die Maccheroni erfunden haben. Obwohl auch das nicht ganz stimmt. Es ist überhaupt verwunderlich, daß niemand so recht zu sagen weiß, wer denn tatsächlich der Urheber dieses berühmten Gerichts war. Von Jovanella di Canzio – so ihr Name – erzählt die Legende, daß sie es gewesen sei, die die Maccheroni bereits im Jahre 1220 hoffähig gemacht habe. Ihr Erfinder aber sei ein Zauberer gewesen.

Diese Geschichte verdanken wir der berühmten neapolitanischen Schriftstellerin Matilde Serao, die sie Ende des vorigen Jahrhunderts in einer Sammlung von Märchen und Erzählungen veröffentlicht hat. Zugetragen hat sie sich zur Zeit der Regentschaft des ›italienischen‹ deutschen Stauferkönigs Friedrich II. in Neapel, das damals zum Königreich Sizilien gehörte und noch keine große und bedeutende Stadt war.

Es lebte dort in einem Haus in der Via dei Cortellari seit wenigen Jahren eben jener geheimnisumwitterte Zauberer namens Chico. Da er das Haus nur selten verließ und mit niemandem sprach, wußte man kaum etwas von ihm und vermutete, er sei aus dem Orient gekommen; doch kam er sehr wahrscheinlich aus Sizilien. Einige Nachbarn hatten ihn durch die staubigen Fenster immer wieder vor einem großen Topf stehend gesehen, wie er darin etwas kochte. Doch was konnte es sein? Vielleicht eine magische Kräutermischung?

Nun wohnte neben ihm eine junge, schöne und sehr neugierige Frau, eben jene Jovanella, die von einem ihrer Zimmer Zugang zu der Terrasse hatte, die zu der Wohnung des Zauberers führte. Verheiratet mit einem der Küchenjungen des Königs wollte Jovanella unbedingt wissen, was der Zauberer, meist nachts, in seinem Topf kochte. Bis sie es eines Tages herausbekam und freudig erregt ihren Mann mit den Worten empfing: »Unser Glück ist gemacht!« Er müsse nur dem Koch des Königs sagen, sie hätte ein neues Gericht entdeckt, das er unbedingt dem König zubereiten solle. Giacomo, so hieß ihr Mann, war zunächst sehr ängstlich. Doch Jovanella konnte ihn überreden, und am nächsten Tag sprach er mit dem Koch.

Nach einigem Palaver unter den Höflingen stand der Entschluß fest, und Jovanella wurde zum König gebeten. In nur drei Stunden hatte sie alles beisammen, was sie brauchte, Mehl, Salz, Eier, Töpfe und anderes Gerät. Nachdem sie die Maccheroni zubereitet hatte, bestreute sie sie mit einem milden Käse, einem *caciocavallo*, und reichte sie Friedrich II. in einer Majolikaschüssel. Dieser und mit ihm der gesamte Hofstaat waren hellauf begeistert, und jeder wollte unbedingt wissen, woher Jovanella dieses wundervolle Rezept habe. Diese aber antwortete, ihr sei ein Engel im Traum erschienen und habe es ihr ins Ohr geflüstert.

Es dauerte keine sechs Monate, und ganz Neapel aß die Maccheroni; und Jovanella wurde sehr reich.

Und Chico der Zauberer? Bei einem seiner wenigen Spaziergänge durch Neapels Gassen kam er an einem Haus vorbei, aus dessen geöffnetem Fenster sich ein Duft verbreitete, der ihm nur zu vertraut war. Er klopfte an und fragte, was denn das für ein Gericht sei. Und man antwortete ihm, ein Engel habe es einer schönen Neapolitanerin verraten. Chico war verzweifelt und soll danach nicht mehr in Neapel gesehen worden sein.

Täglich Pasta!

Heines Traum von Italien als dem Land, in dem die Nudeln goldfließend von Bäumen ins Maul der Faulenzer und Narren fallen, ist nach einhundertsechzig Jahren aktueller denn je. Zu tun hat das wohl damit, daß unsere Italieneindrücke nach wie vor durchsättigt sind von schönen, wohlschmeckenden Erinnerungen an diese so außerordentlich sympathische Eßgewohnheit unserer italienischen Nachbarn, doch wenigstens einmal am Tag Pasta zu verspeisen. Der Statistik von 1991 zufolge ißt jeder Italiener täglich etwa 70 Gramm Pasta. Das ist Weltrekord! Der Deutsche schafft gerade 12 Gramm pro Tag.

Im Museum in Pontedassio werde ich später einen Brief finden, den der Komponist Gioacchino Rossini am 4. März 1859 aus Paris einem Freund geschrieben hat. Darin teilt er ihm mit, wie sehr er doch darunter leide, hier in Frankreich auf seine täglichen Maccheroni verzichten zu müssen. Rossini, dem wir in Verbindung mit seiner Musik auch einige schöne Pasta-Anekdoten und -rezepte verdanken, bittet darum, beim Händler eiligst nachzuforschen, warum die Lieferung der so ersehnten Maccheroni seit längerem ausgeblieben sei. Ein »Senza Maccheroni!!!!« setzte Rossini mit vier Ausrufezeichen unter seinen Namen. »Ohne Maccheroni« – welch bedauernswerter Rossini.

Doch da wir schon einmal bei der Statistik waren: Italien ist – gefolgt von den USA, Frankreich und Deutschland – mit jährlich 2,3 Millionen Tonnen (Zuwachs in den letzten zehn Jahren: 600.000 Tonnen) der größte Pastaproduzent der Welt. Davon werden 84 Prozent industriell und 16 Prozent in kleinen Pastifici oder in den heimischen Küchen hergestellt. Im ganzen Land gibt es 170 Teigwarenfabriken mit 8200 Beschäftigten, von denen 52 Prozent im Süden (es gibt hier sehr viel mehr kleinere Betriebe), 32 Prozent im Norden und 16 Prozent in Mittelitalien ansässig sind.

Nahezu jeder Italiener (96 Prozent) ißt Pasta, 33 Prozent täglich, 10 Prozent fünf- bis sechsmal in der Woche, 27 Prozent alle drei bis vier Tage und 21 Prozent jeden zweiten Tag. In Mittel- und Süditalien wird nicht nur mehr Pasta (etwa zwei Drittel des Gesamtverbrauchs), sondern auch bevorzugt die industriell hergestellte und verpackte *pasta secca* gegessen; während man im Norden und Osten des Landes, im Piemont, der Emilia-Romagna, im Veneto und der Lombardei, die *pasta fresca* und die gefüllte Pasta mag. Interessant ist ebenfalls, daß die Italiener lieber *pasta corta* (54 Prozent) als *pasta lunga* (40 Prozent) essen. Auf besonders zubereitete Pasta, wie etwa die Lasagne oder Cannelloni, entfallen 6 Prozent.

Auch in Europa setzte sich der Siegeszug der Pasta *all'italiana* fort. Schon Alexandre Dumas hatte im »Le grand Dictionnaire de Cuisine« von den Maccheroni geschrieben, daß sie wohl in Neapel geboren, heute aber ein europäisches Gericht seien. Wie die Zivilisation so hätten auch sie eine große Reise angetreten, und wie diese fände man sie weit entfernt von ihrer Wiege.

Heute werden von der in Italien produzierten Pasta mittlerweile 33 Prozent exportiert, was in den letzten zehn Jahren einem Zuwachs von 280 Prozent(!) entspricht. Davon wird etwa die Hälfte in die Länder der Europäischen Union ausgeführt. Deutschland ist mit 33 Prozent EU-Anteil der bedeutendste Abnehmer. Ähnlich hoch sind auch die Zuwachsraten des Exports in Länder wie die USA oder Japan.

Für Italien, wie auch für Griechenland und Frankreich, ist per Gesetz festgelegt, daß die *pasta secca* nur aus *grano duro*, dem Hartweizen, hergestellt werden darf. In anderen Ländern, so auch bei uns in Deutschland, ist es erlaubt, ihn mit normalem Weizenmehl zu vermischen, das in Italien für die Zubereitung der frischen Pasta verwendet wird. Die seit kurzem in der EU neu geltenden Handelsgesetze schaffen nicht nur für den italienischen Pastamarkt, sondern in noch stärkerem Maße für die traditionelle Einstellung der Italiener zur Pasta ein ähnliches Problem, wie wir es seitdem mit dem Reinheitsgebot des Wassers im deutschen Bier kennen.

»Fatta in casa«

Dem Problem, das Gioacchino Rossini fern von Italien in Paris mit den fehlenden Maccheroni hatte, gehen passionierte Italienliebhaber schon länger dadurch aus dem Weg, indem sie die Pasta mit Hilfe handgerechter Maschinen zu Hause selbst herstellen. Das *fatta in casa*, mit dem man irgendwann einmal gelernt hat, in Italien nach der Qualität der auf der Speisekarte angebotenen Nudeln zu fragen, zählt für so manchen von uns in der Erinnerung zu den angenehmen Italienerfahrungen. Dabei ist es ein Irrtum zu glauben, die handgearbeitete *pasta fresca* sei grundsätzlich besser als die industrielle *pasta secca*. Das mag vom Geschmack her zutreffen; gesünder und besser verdaulich ist aber allemal die *pasta secca*.

Doch das Bild des in gewaltigen Mengen aus den großen Maschinen der Fabriken zu Spaghetti, Maccheroni oder Fusilli gepreßten Teigs verblaßt vor dem Bild der Großmutter, die den ganzen Vormittag in der Küche hingebungsvoll mit dem Fertigen, Ausrollen und Formen des Pastateigs beschäftigt ist. Und die dazu einen *sugo* zu bereiten weiß, wie er jeweils nur in einer bestimmten Region, einer Stadt oder gar in einem abgelegenen Tal Italiens seit langem Brauch ist. In Bologna, die man auch »die Fette« nennt, sind die Bewohner ganz besonders stolz auf ihre frische Pasta. Viele Köchinnen und Köche weigern sich genau aus diesem Grund noch heute, überhaupt eine Maschine zur Herstellung der Pasta zu benutzen.

Das Bild der Pastazubereitung ist soweit richtig, als an ihr aufgrund der Hände, die mit im Spiel sind, wie bei keiner anderen Speise regionale und lokale, ja auch ganz persönliche Besonderheiten und Liebenswürdigkeiten des Landes, der Stadt oder der Gastgeber zum Ausdruck kommen. Um die Pasta in ihrer verschiedensten Form kennenzulernen, wird das Reisen in Italien zu einem Erlebnis ganz besonderer Art. Wo auch immer man hinkommt: auf die Pasta al dente – ob als Spaghetti, Tortellini, Penne oder Cappelletti, ob als Fettuccine oder Ravioli – wird man nie verzichten müssen. Und nicht selten geschieht es, daß mich erst die Pastasorten der Speisekarte einer Trattoria oder eines Restaurants daran erinnern, daß ich gestern noch in einer anderen Region war.

Spaghetti im Museum

Von Finale Ligure muß ich noch etwa eine halbe Stunde die Küste entlangfahren, auch vorbei an dem hoch über Straße und Meer malerisch gelegenen Ort Cervo. Hinter der Bucht von Diano Marina liegt Imperia, die Provinzhauptstadt der Region, mit dem alten Stadtteil Oneglia. Hier wurde 1466 auch Andrea Doria geboren, Genuas großer Seeheld.

Von Imperias Zentrum, einem weiten, von Arkaden gesäumten verkehrsreichen Platz, führt die Nationalstraße 28 nach Turin. Es ist die napoleonische Verbindung vom Meer hinauf ins Piemont. Auf ihr, so ist ausgeschildert, müßte ich nach etwa sieben Kilometern Pontedassio erreichen.

Nach einer kurvenreichen Fahrt durch ein Tal weist in Pontedassio zunächst keines der üblichen Schilder auf die Existenz eines Museums hin. Also frage ich und erfahre, daß ich links von der Hauptstraße abbiegen und eine schmale Straße hinunter in den alten Teil des Dorfes fahren soll.

Hier muß ich mich erneut erkundigen, da es immer noch keine Hinweise auf das Museum gibt, an dessen Existenz ich langsam zu zweifeln beginne. Schließlich stehe ich vor einem Haus, an dem rechts neben der Tür eine Marmorplatte befestigt ist. Auf ihr lese ich »Museo Storico Degli Spaghetti«.

Kein Zweifel, es ist das Museum. Die Tür allerdings ist verschlossen; auch findet sich kein Hinweis auf die Öffnungszeiten. Eine ältere Frau, die mich beobachtet hat, kommt lächelnd auf mich zu und sagt mir, daß ich ohne die Signorina Agnesi nicht ins Museum könne. »Wo finde«, so frage ich, »diese Signorina?« Ich träfe sie in der Fabrik in Imperia an, dort, wo sie die Spaghetti herstellen.

Auf der Fahrt zurück erinnere ich mich, daß mir kurz vor der Stadt an der Küste eine Fabriklandschaft am Hafen aufgefallen war. »Pasta Agnesi« stand mit großen, roten Buchstaben auf dem Dach eines der Gebäude. Diesmal muß ich mich nicht durchfragen. Wieder angekommen auf dem zentralen Platz führt eine Straße hinunter zum Hafen und zur Fabrik. Sie liegt im alten Stadtteil Oneglia, umgeben von drei- bis viergeschossigen, etwas heruntergekommenen Wohnhäusern.

Dem Pförtner erzähle ich von meinem Versuch, in Pontedassio das Museum zu besichtigen. Ein Termin wird mit der Signorina vereinbart, und am nächsten Morgen bei unserer gemeinsamen Fahrt erzählt mir Eva Agnesi von ihrer Familie, von dem Museum und was das alles mit der Fabrik zu tun hat.

Zunächst erfahre ich, daß der Ort seinen Namen einer Brücke verdankt *(ponte)*, die man damals aus Holzbohlen *(d'assi)* angefertigt hatte, um den Wildbach Impero zu überqueren. Das Tal hat seit dem 19. Jahrhundert den Namen Valle d'Oro (Goldenes Tal), weil die Olivenproduktion in jenem Jahrhundert für die dortige Bevölkerung die Grundlage eines verhältnismäßig hohen Einkommens war. In diesem Tal erwarb 1824 Paolo Battista Agnesi eine Mühle. Sie erhielt durch eine Verordnung des Königs das Privileg, daß alles für den Verzehr in dieser Region geerntete Korn nur in eben dieser Mühle gemahlen werden durfte. Ein Familienwappen der Savoia – das Kreuz mit den vier Köpfen der Mohren – wies an der Außenwand der Mühle jeden auf dieses Privileg hin.
Die Mühle arbeitete in den ersten Jahren nur mit einem Mühlstein, der sich auf einem anderen Stein drehte. Üblich waren damals in den Mühlen ein bis zwei, später vier solcher Steine *(palmenti)*. Ein heute noch in Italien gern benutzes Sprichwort heißt: *mangiare a quattro palmenti*. Man sagt es demjenigen, der seine Mahlzeit wie ein ›Scheunendrescher‹ schnell und hastig hinunterschlingt.

Schließlich mahlte die Mühle 1836 erstmals sogar mit neun Mahlsteinen, so daß man jetzt in der Lage war, den gesamten Bezirk mit Mehl zu versorgen.

Neben dem Mühlenbetrieb haben die Agnesi bald damit begonnen, in einem kleinen Pastificio auch selber Pasta herzustellen. Bis 1889 wurde das Mehl in Pontedassio gemahlen, ehe man den Entschluß faßte, den alten Betrieb aufzugeben und eine große, mit modernen Maschinen arbeitende Fabrik an den Hafen von Oneglia zu verlegen. Hier gab es den direkten Anschluß an die Eisenbahnlinie. Und als 1890 das erste große ausländische Schiff, die »Tordenskiold«, mit russischem Getreide in Oneglia einlief, hatten die Agnesi bereits damit begonnen, dort unten am Hafen ihre neue Mühle zu bauen. Seitdem hat sich diese ligurische Fabrik – sie wurde vor wenigen Jahren an einen internationalen Konzern verkauft – mit dem Mühlenbetrieb und vor allem mit der Pastaproduktion zum drittgrößten Hersteller in Italien entwickelt.

Dies alles habe ich bereits von Eva Agnesi erfahren, als wir schließlich vor dem Eingang des Museums stehen. Es ist das Wohnhaus, in dem Paolo Battista Agnesi mit seiner Frau und seinen fünfzehn Kindern seit 1824 gelebt hatte. Gut einhundertdreißig Jahre später war es Vincenzo Agnesi, der hier im Juli 1958 das »Museo Storico Degli Spaghetti« eingerichtet hat. Für die TIMES war das damals Anlaß genug, über die Eröffnung des Museums ausführlich zu berichten.

Die »gramola a mola« ist eine Maschine, mit der Teig bearbeitet wurde und die noch bis zum Ende dieses Jahrhunderts bei den Agnesis in Betrieb war.

Im Spaghetti-Museum

In dem dreigeschossigen Haus, das sich als kleiner, wohlproportionierter Stadtpalast entpuppt, sind im Untergeschoß in zwei niedrigen, gewölbten und ineinander übergehenden Räumen eine alte Teigknetmaschine und ein Modell der *prima continua*, der ersten kontinuierlich laufenden Pastamaschine, aufgestellt. Beeindruckend ist die alte *gramola a mola*, bestehend aus einem großen Marmorrad, das gehalten wird von einer Holzbalkenkonstruktion, verbunden mit einem dicken Kolben und einem Zahnrad. Mit dieser Gramola, die zu Beginn des 19. Jahrhunderts erfunden wurde, haben die Agnesi noch bis Ende vorigen Jahrhunderts den Teig bearbeitet.

Großer und kleiner Pulcinella, Bild von Cammarano (1851–1920).

Vom Treppenhaus führt im ersten Obergeschoß eine Tür zu den insgesamt fünf Räumen des Museums. Im ersten Raum fühle ich mich in ein schlicht eingerichtetes Zimmer des vergangenen Jahrhunderts zurückversetzt. Der Steinfußboden, so erzählt Eva Agnesi, sei das einzige, was die deutschen und die italienischen Faschisten während des Krieges nicht verbrennen konnten, als sie hier ihr Quartier hatten.

An einer Wand begrüßt mich ein sehr schönes Bild, auf dem Pulcinella in Kostüm und Maske einem kleinen Pulcinella Maccheroni in den hungrig geöffneten Mund fallen läßt. Zwischen den beiden Fenstern zur Gasse hinaus steht ein Sekretär mit einer Menge neuerer und vor allem älterer Literatur. Fast alle Bücher handeln von der Pasta.

Pasta in Ligurien

Während ich mir noch vorstelle, wie spannend es sein müßte, in all den interessanten Werken herumzublättern, weist mich Signorina Eva gleich auf die Kopie eines vom 4. Februar 1279 datierten Dokuments hin, dessen Original sich im Staatsarchiv in Genua befindet. Es handelt sich um eine notarielle Auflistung des Nachlasses eines Soldaten namens Ponzio Bastone. Der Genueser Notar Ugolino Scarpa war so gründlich vorgegangen, daß er in diesem Nachlaß einen gut gefüllten Korb Maccheroni, »*una bariscella plena de macaronis*«, nicht vergessen hatte. Bei diesen Nudeln hatte es sich um *pasta secca* gehandelt, die sehr wahrscheinlich die heutige Form der Gnocchi besaß; oder um es präziser auszudrücken: sie ähnelte den sardischen *malloreddus*, die heute noch von den Frauen auf Sardinien angefertigt werden.

Auf das Dokument von 1279 sind die Ligurer ganz besonders stolz, belegt es doch, daß sie für *ihre* Pasta nicht erst auf Marco Polo warten mußten, der bekanntlich dreizehn Jahre später, 1292, aus Asien die Spaghetti mitgebracht haben soll. Der Hinweis auf diese Geschichte findet sich in einem kleinen Seitenraum des Museums. In einer Glasvitrine ist ein Puppentheater für Kinder aufgestellt, das Marco Polo am Hofe des Kaisers von China zeigt, wo man sich beim Tanz und beim Essen von Spaghetti vergnügt. Doch was immer man von der Frage »China oder Italien?« halten mag: Entscheidend sei nicht, so Eva Agnesi, daß die Chinesen lange vor den Italienern die Pasta gekannt haben; sondern daß allein die italienische Pasta in aller Welt Berühmtheit erlangt hat.

Weitere Dokumente belegen hier im Museum die wichtige Rolle, die Genua und Ligurien in der Geschichte der Pasta gespielt haben. Zwei davon möchte ich erwähnen. Eines ist ein Kücheninventar des Giacomino Vicini di Recco vom 19. Oktober 1363. Darin ist die Rede von einer *caza lasagnaria*, einer durchlöcherten Schöpfkelle für Lasagne. Das andere Dokument ist ein Statut der Zunft der Genueser Pastahersteller, der *arte dei fidelari*, das der Senat der Stadt 1574 offiziell genehmigte. Das Statut besagt, daß von nun an bei der Pasta das Mehl von Hartweizen zu verwenden sei. Keinem Meister der genannten Zunft war darüber hinaus erlaubt, von einem englischen oder irgendeinem anderen Schiff Getreide zu erwerben. Es war ihnen nur an Land gestattet. Weiter sollte jeder verpflichtet werden, das erworbene Getreide unter den Mitgliedern der Zunft so zu teilen, daß an sie zwei Drittel und an ihn nur ein Drittel gingen. Bei eventuellen Verstößen entschied der Senat von Genua. Eine Konkurrenz untereinander war dadurch ausgeschlossen.

Etrusker und Römer

Angesichts der Dokumente, die im Museum aufbewahrt werden, frage ich Eva Agnesi, ob sie mit Gewißheit sagen könne, wann genau in Italien die Geschichte der Teigwaren begonnen habe und ob die notarielle Urkunde von 1279 wirklich der früheste Hinweis sei? Sie zeigt mir zwei Fotografien von Steinpfeilern, die zwischen Rom und Civitavecchia in Cerveteri in einem etruskischen Grab aus dem 4. Jahrhundert v. Chr., der *tomba dei rilievi*, gefunden wurden. Diese Pfeiler sind mit Reliefs verziert, auf denen man deutlich ein Nudelbrett und darüber ein Mehlbeutelchen erkennen kann. Seitlich davon hängt ein Schöpfkellensieb, und unterhalb gibt es neben einer Zange auch noch ein Teigrädchen. Der andere Pfeiler zeigt ein Messer zum Schneiden des Teiges und ein Nudelholz. Wie wir wissen, gaben die Etrusker ihren Toten Dinge mit ins Grab, von denen sie annahmen, daß sie auch in einem anderen Leben benötigt würden. Und offensichtlich zählten dazu auch solche Geräte zur Teigzubereitung.

Doch wäre es übertrieben, aufgrund solch spärlicher Hinweise gleich auf einen in etruskischer Zeit verbreiteten Konsum von Pasta, wie wir sie heute kennen, schließen zu wollen. So gibt uns auch die Spurensicherung in Bildern römischer Festgelage keinen Aufschluß darüber, ob wenigstens die Römer bereits die Pasta auf ihrem täglichen Speisezettel hatten. Aus der Literatur kennen wir das berühmte Kochbuch »De re coquinaria« des Apicius. Er beschreibt im vierten seiner insgesamt zehn Bücher als jedoch einziges(!) Pastagericht dünne Teigwaren, die in einer Suppe gekocht und mit Käse zubereitet werden. Es sind die auch bei Horaz und Cicero erwähnten *lagane*, in denen wir die späteren uns bekannten Lasagne vermuten dürfen.

Pasta secca – pasta fresca

Die tatsächlich erste Erwähnung der Pasta als *pasta secca* reicht in das Jahr 1154 zurück, als der arabische Geograph Al-Idrisi in seinem Buch »Il diletto di chi è amante delle peregrinazioni attravers il mondo« von einem Gericht mit Namen *triyah* spricht, das man in Trabia (Palermo) aus Teig in Form langer Fäden herstellt (»A Trabia, non lontano da Palermo si fabbrica un particolare cibo di farina a forma di fili«). Noch heute kennt man im palermitanischen Sprachgebrauch den Namen *vermicelli di trija*.

L'acquolina in bocca (»Das Wasser läuft im Mund zusammen«), Gemälde von G. B. Torriglia (1857–1937).

Neben den bereits genannten Dokumenten ist von der *pasta fresca* erstmals die Rede in der Chronik des Franziskanermönchs Fra Salimbene di Parma. Er beschreibt darin einen Kollegen, den Bruder Giovanni di Ravanna, als einen fetten, korpulenten und ehrenhaften Menschen, der, wie er selber, von Lasagne sehr angetan war. Auch erinnert sich Salimbene, wie er am 12. August 1284 das erste Mal Ravioli gegessen hatte.

Aus dem 14. Jahrhundert kennen wir eine sehr schöne Erwähnung der Pasta bei Boccaccio (1313–1375). In der Erzählung des Calandrino (3. Novelle des 4. Tages des »Decamerone«) ist da von dem wundersamen Ort Bengodi die Rede, wo niemand arbeiten muß und es all die schönen Dinge des irdischen Lebens umsonst gibt. In diesem Schlaraffenland seien auf einem Berg geriebenen Parmesankäses die Menschen mit nichts anderem beschäftigt als mit der Herstellung von Maccheroni und Ravioli, die sie in Kapaunbrühe kochen (»... ed eravi una montagna tutta di formaggio parmigiano grattugiato, sopra la quale stavan genti che niuna altra cosa facevan che far maccheroni e raviuli, e cuocerli in brodo di capponi ...«).

Zu den spätgotischen Illustrationen, die im späten 14. Jahrhundert ein lombardischer Künstler dem Codex »Teatrum Sanitatis« (Biblioteca Casanatese, Rom, 4182) hinzugefügt hat, zählt auch die Darstellung zweier Frauen, die lange Nudeln – es sind jene sizilianischen *trij* oder *vermicelli* – auf einem rustikalen Tisch bereiten und auf einem 130 Zentimeter langen und 60 Zentimeter breiten Holzgitterwerk, dem *traliccio*, zum Trocknen verteilen. Schließlich enthält das um 1475 erschienene Rezeptbuch »De honesta voluptate« des Historikers Bartolomeo Sacchi, bekannt unter dem Pseudonym »Il Platina«, zwei Pastarezepte. Es handelt sich jeweils um die trockene Pasta *alla siciliana* aus Hartweizenmehl, wobei der Autor in beiden Fällen ausdrücklich hervorhebt, daß man sie gut zwei bis drei Jahre aufbewahren könne.

Dies mag wohl auch erklären, warum gerade die *pasta secca* erstmals in Sizilien – hier bei den Arabern, die die Insel seit 827 besetzt hielten – und in Ligurien Verbreitung fand. Wer sich auf dem Meer mit dem Schiff oder dem Kamel durch die Wüste auf lange Reisen begibt, ist auf Nahrungsmittel angewiesen, die nicht so schnell verderben und – wie die *pasta secca* – auch nach zwei Jahren nichts von ihrem Geschmack eingebüßt haben.

Das 16. Jahrhundert steht – aus der Sicht der Pasta – ganz unter dem Zeichen des weichen Weizens *(grano tenero)*, den man in der bis ans Latium hinunterreichenden padanischen Tiefebene, der *pianura padana*, anbaut. Vor allem aber sind Renaissance und Manierismus die große Zeit der Küche der Könige, der Fürsten und der Päpste mit den viele Gänge zählenden üppigen Menüs und den sich über Tage hinziehenden Festgelagen. Die Geschichte der Kochkunst verdankt der damaligen Literatur mit dem »Libro Novo« (1557) Christoforo di Messisbugos, dem Koch der Este in Ferrara, und dem monumentalen Werk »Opera« (1570) des Bartolomeo Scappi – er war der Privatkoch Papst Pius V. – unzählige Rezepte von größtem Einfallsreichtum.

Handgemachte Pasta – unter Verwendung von Eiern – ergänzte dabei in jeder erdenklichen Form die Speisen, wobei sie an den Höfen weniger als Hauptgericht, sondern mehr als Nachweis der Ausstattungspracht geschätzt wurde. Pasta war hier in allen nur denkbaren Varianten ihrer Zubereitung nicht, wie die *pasta secca*, ein Gericht der Armen, sondern eines der Reichen: Maccheroni und Vermicelli in Zucker und Zimt und in Milch gekochtem Käse, Enten mit Maccheroni und Tortelletti überdeckt oder Pappardelle in Hasenbrühe gekocht.

Weizen aus Taganrog

Von einem Tisch nimmt Signorina Eva eine dunkle, bauchige Holzschale und fragt mich, ob ich schon einmal von Taganrog gehört hätte, der russischen Hafenstadt am Schwarzen Meer. Immerhin importierte man in Italien im frühen 19. Jahrhundert den größten Teil des Hartweizens für die Produktion der Pasta aus den weiten Anbaugebieten des Schwarzmeerraumes. Eva Agnesi erklärt mir bei dieser Gelegenheit die Bedeutung, die Hartweizen auch heute noch für die Teigherstellung der *pasta secca* hat. Beim Weizen unterscheide man den Weich- und den Hartweizen. Der Weichweizen *(triticum vulgare)* hat einundzwanzig, der Hartweizen *(triticum durum)* hingegen nur vierzehn Chromosomenpaare. Für die Herstellung von Brot benutzt man den ›König der Weizen‹, den Manitoba, benannt nach seinem Anbaugebiet, einer kanadischen Provinz. Der ›König der Hartweizen‹ aber kam lange Zeit aus Taganrog. Er besaß im Trockenzustand nicht weniger als 17 Prozent Kleber (Bestandteil des Getreideeiweißes) und etwa 20 Prozent stickstoffhaltige Substanzen.

Die Kleber waren von bester Beschaffenheit. Ihr hoher Anteil und ihre hervorragende Qualität haben diesem Weizen seinen guten Ruf gegeben. Der daraus bereitete Teig eignet sich sehr gut für die Herstellung von *pasta secca*, da durch seine Härte und Festigkeit die Nudeln zum Trocknen aufgehängt werden können. Ein Sichdehnen und in die Länge ziehen, Eigenschaften, die bei der Brot- und Pizzaherstellung erwünscht sind, wären hier verhängnisvoll.

Italien wurde sehr bald zum wichtigsten Abnehmer des im Hafen von Taganrog verladenen Hartweizens. Wohl deshalb ließen sich einige Italiener dort nieder, um sowohl den Handel als auch den Anbau kontrollieren zu können. Das Nachsehen hatten die Bauern in Apulien und Sizilien, die zwar auch einen guten Weizen anbauten, der dem Vergleich mit dem russischen aber nicht standhalten konnte. Insbesondere die neapolitanischen *pastai* waren der Auffassung, ohne den ausgezeichneten russischen Hartweizen keine guten Maccheroni herstellen zu können. So setzte sich die besondere Qualität des neapolitanischen Nationalgerichtes gegenüber den Interessen der Bauern durch, und russischer Hartweizen wurde weiterhin importiert. Inzwischen ist Italien der größte Hartweizenproduzent der Welt. Aber noch immer ist man auf Importe angewiesen. Nur kommt der Hartweizen nicht mehr aus Rußland, sondern aus Kanada, Argentinien und den USA.

Die sehr schöne dunkle Holzschale, die Signorina Agnesi noch immer in der Hand hält, spielte bei der Ankunft der Schiffe aus Rußland im Hafen von Genua oder später von Oneglia eine nicht unbedeutende Rolle. Mit ihr nämlich holten die Käufer an Bord eine Probe des Getreides, um sofort vor Ort dessen Qualität zu prüfen.

In dem Zimmer des Museums, das die Taganrog-Geschichte erzählt, ist auch ein Modell aufgebaut, bei dem man zwei wichtige Arbeitsgänge nachvollziehen kann: das Bearbeiten des Teiges durch das Mahlrad aus Stein *(gramola a molazza)* und das Pressen des Teiges (*torchio a vite*). Mahlrad und Presse sind Erfindungen, durch die die Pasta im Laufe des 19. Jahrhunderts überhaupt erst zu einem für alle erschwinglichen Massenprodukt werden konnte. Verschiedene Arbeitsgeräte, mit denen man damals und in früheren Jahrhunderten den Pastateig bearbeitete, sind in einem Schrank und in kleinen Vitrinen aufbewahrt. Auch hat man sich bemüht, Paolo Battista Agnesis Arbeitszimmer mit Schreibtisch, alten Rechnungen, Briefen und einem Schreibapparat zu rekonstruieren. Ein Foto an der Wand zeigt ihn in der Uniform eines napoleonischen Offiziers.

Italiens Pasta und die Russische Revolution

Daß Rußland damals mit seiner Produktion des besten Hartweizens in Europa führend sein konnte, lag mehr an der schwarzen Erde dieses Landes und weniger an der Qualität des Weizensamens. Deshalb sagt auch ein russisches Sprichwort: »Säe Steine und Du erntest Weizen.« Also brauchte man sich weniger Gedanken um den Weizensamen machen; die schwarze Erde ersetzte vieles. Wie stark mußte sich daher der italienische Magen von einem großen, die Welt verändernden Ereignis – der russischen Oktoberrevolution des Jahres 1917 – getroffen fühlen, das dafür verantwortlich war, daß Rußland als Exportland für jenen begehrten Hartweizen plötzlich nicht mehr in Frage kam?

Lenin hatte in einem Erlaß vom 14. Mai 1918 ein Weizenmonopol für den neuen sozialistischen Staat proklamiert. Danach wurden die Bauern verpflichtet, den von ihnen angebauten und geernteten Weizen, bis auf einen geringen Anteil für die eigene Familie, an den Staat abzugeben. Die Folge war, daß die Bauern sehr viel weniger anbauten und die Vorräte im Land immer weiter zurückgingen. Weizen war nun in der Sowjetunion so knapp geworden, daß selbst für die Neuaussaat nicht mehr genug übrig blieb. Diese Entwicklung hatte zur Folge, daß auch bald in Italien der wichtige Hartweizen nicht mehr verfügbar war. Durch die große Hungersnot in der Sowjetunion wurde aller noch vorhandener Weizen im Land verbraucht. Die Situation stabilisierte sich erst wieder mit der 1922 einsetzenden Neuen Ökonomischen Politik (1922–1926). Die Bauern waren wieder in der Lage anzubauen, was sie wollten; zudem konnten sie noch all das, was ihnen gehörte, auf dem freien Markt verkaufen. Ihnen wurde lediglich eine Naturalsteuer auferlegt; doch waren sie nicht mehr gezwungen, den Weizen an den Staat abzuliefern. Rußland erholte sich und produzierte 1926 sowohl in der Industrie als auch in der Landwirtschaft etwa so viel wie im letzten Vorkriegsjahr 1913.

Die italienische Regierung hatte sich in den zwanziger Jahren mehrmals um die Wiederaufnahme des für sie so wichtigen Hartweizen-Imports aus Taganrog bemüht. An der Handelsbörse in Genua kam es zu Verhandlungen mit eingeladenen sowjetischen Delegierten. Schließlich gelang es, neue Lieferungen zu vereinbaren. Doch mußte man bei Eintreffen des Weizens feststellen, daß es sich – trotz vorheriger Beteuerungen von sowjetischer Seite – nicht mehr um den reinen Hartweizen handelte. Die Russen hatten ein Gemisch aus Roggen, Gerste, Hart- und Weichweizen geschickt. Auch erneute Nachforschungen und Bestellungen führten zu keinem anderen Ergebnis. Man mußte sich schließlich damit abfinden, daß der für die Pasta so wichtige Hartweizen aus Taganrog nicht mehr zu bekommen war. Und obwohl einige Wissenschaftler noch immer nach einem solch guten Produkt forschen, ist es bisher niemandem gelungen, auch nur annähernd an die Qualität des ›Königs der Hartweizen‹ heranzukommen.

Eine Handvoll Maccheroni – Pasta in Neapel

Ein anderer Raum des Museums ist Neapel gewidmet. Aber nicht das allein ist bemerkenswert. Was mir an diesem Raum auch auffällt, ist die Mühe, die sich Vincenzo Agnesi gemacht hat, der Bedeutung Neapels für die Entwicklung der Pasta mit einer Ausstellungsarchitektur so ganz im Stil der fünfziger Jahre gerecht zu werden. Eingenommen wird das Arrangement von einem Blick über die Balustrade eines imaginären Balkonzimmers hinaus auf die vergrößerte Fotografie einer Straße, auf der man in langen Reihen Maccheroni zum Trocknen aufgehängt hat.

Als Heine vom Maccheroni essenden Harlekin träumte, kannte er nur zu gut den köstlichen Geschmack dieser Nudeln. Heine war viel in Italien herumgereist. Ob er auch in Neapel war? Ich glaube nicht. Doch hätte er sich die Anregung zu seinem schönen Traum bei einem anderen berühmten Italienreisenden holen können.

Goethe war bei seinem zweiten Aufenthalt in Italien besonders von den Märkten Neapels beeindruckt. Begeistert hat ihn der Reichtum an Gemüse und dessen, wie er schreibt, »unglaubliche Konsumtion«. Er hatte sich 1787 noch selbst überzeugen können, warum man den Neapolitanern den Beinamen *mangiafoglie* (Blattesser) gegeben hatte. So wie die Florentiner den Beinamen *mangiafagioli* (Bohnenesser), die Lombarden *mangiarape* (Rübenesser) und die Emilianer *mangiamarroni* (Maronenesser) hatten. In der Komödie »La Vedova« des Toskaners Giovanbattista Cini von 1569 bezeichnet der neapolitanische Edelmann Cola Francisco im Streit um die schöne Cornelia seinen Rivalen, den sizilianischen Soldaten Fiacavento, abfällig als

Maccheroni hängen auf der Leine zum Trocknen, Corso Sancho, heute Via Roma, Gragnano, Ende des 19. Jahrhunderts.

»*mangiamaccheroni*«. Woraufhin dieser den Neapolitaner ebenso abfällig einen »*mangiafogghia*« nennt.

Damals ernährte man sich in Neapel in erster Linie vegetarisch von Gemüsen – meistens als Suppe, aber immer in Verbindung mit sehr viel Brot. Während die Wohlhabenden sich häufiger Fleisch oder Fisch erlauben konnten, gab es für das einfache Volk nur an besonderen Festtagen die mit Fleisch und Würsten angreicherte *minestra maritata*, eines der großen Gerichte Neapels. Aber auch das Brot, das Hauptnahrungsmittel der Neapolitaner, war für das Volk von Neapel keineswegs immer eine Selbstverständlichkeit. Nur wenige Jahre nach Beginn der spanischen Herrschaft kam es bereits 1508 zu ersten heftigen Tumulten, weil es aufgrund wirtschaftlicher und politischer Mißstände nicht mehr genug Brot gab. Daraufhin verfügte der Vizekönig, Conte di Ripa Cursia, 1509 in einem Erlaß die Produktion der *pasta secca* aus Hartweizen, damit sich das Volk von Neapel einen Vorrat für schlechtere Zeiten anlegen konnte. Der Hunger und die Angst vor sozialen Unruhen waren also zunächst die Ursache für den Einzug der Pasta in Neapel als eine Speise für die Armen und als ein Ersatz für Brot und nicht für Gemüse. Der Erlaß ist zugleich ein Dokument, in dem – allen Legenden zum Trotz – nun tatsächlich erstmals in Neapel von Maccheroni die Rede ist.

Maccheroni-Verkäufer in Neapel, Ende des 19. Jahrhunderts (Foto: Alinari).

Als Goethe später Italien bereiste, war die Pasta in Neapel bereits ein derart populäres Gericht, daß man die Neapolitaner nun nicht mehr *mangiafoglia* nannte, sondern – wie zuvor schon die Sizilianer – *mangiamaccheroni*, Maccheroni-Esser. Goethe beschreibt seine Eindrücke anschaulich: »Was die Mehl- und Milchspeisen betrifft, welche unsere Köchinnen so mannigfaltig zu bereiten wissen, ist für jenes Volk, das sich in dergleichen Dingen gerne kurz faßt und keine wohleingerichtete Küche hat, doppelt gesorgt. Die Maccheroni, ein zarter, stark durchgearbeiteter, gekochter, in gewissen Gestalten gepreßter Teig von feinem Mehle, sind von allen Sorten überall um ein Geringes zu haben. Sie werden meist nur im Wasser abgekocht und der geriebene Käse schmälzt und würzt zugleich die Schüssel. Fast an jeder Ecke jeder großen Straße sind die Backwerkfertiger mit ihren Pfannen voll siedenden Öls, besonders an Festtagen, beschäftigt, Fische und Backwerk einem jeden nach seinem Verlangen sogleich zu bereiten. Diese Leute haben einen unglaublichen Abgang, und viele tausend Menschen tragen ihr Mittag- und Abendessen von da auf einem Stücken Papier davon.«

Souvenirs

Ein Pasta-Verkäufer, der allmorgendlich seine Nudeln abstaubt? Es sind verschiedene Nudelsorten zu sehen, sogar mit Preisen, 19. Jahrhundert.

Bilder und Fotografien, wie die der *maccaronari*, der Maccheroniverkäufer, mit ihren im Freien aufgestellten Garküchen mit Neapel und dem Vesuv im Hintergrund, belegen, daß man hier die Maccheroni auch noch in unserem Jahrhundert mit den Händen aß: Den Kopf zurückgelehnt läßt man mit einer Hand die Maccheroni in den geöffneten Mund fallen. Diese bunten Bildchen, die die einfachen Neapolitaner ohne Gabel die Pasta essend zeigen, wurden in hohen Auflagen gedruckt. Für den Touristen waren sie im 19. Jahrhundert ein unverzichtbares Reisemitbringsel. Den letzten *maccaronaro*, der die Pasta in Neapel auf der Straße anbot, gab es noch bis Anfang 1930 auf der Piazza del Mercato. Von einem anderen in der Via Chiaia schrieb um 1840 Carl August Mayer, er habe hinter seiner dampfenden Kochstelle ein Ölgemälde aufgehängt und die Schalen mit geriebenem Käse liebevoll mit Blumen dekoriert. Mayer sah darin die besondere Fähigkeit und Begeisterung der Neapolitaner, die noch so profanen Seiten des Lebens durch Phantasie und die Sprache der Kunst zu bereichern.

Die Speise des Volkes

Für den Schriftsteller Giuseppe Marotta waren die Spaghetti das Sinnbild Neapels, genauer: das Sinnbild seiner neapolitanischen Kindheit um die Jahrhundertwende. 1947 schrieb er in seinem heute leider vergriffenen Buch »L'oro di Napoli« (»Das Gold von Neapel«), dem später auch ein gleichnamiger Film folgte: »Wer das Paradies durch eine Tür betritt, kann nicht in Neapel geboren sein. Wir Neapolitaner halten Einzug in den Palast der Paläste, indem wir einfach einen Spaghettivorhang zur Seite schieben.«

Folgt man weiter seiner Erzählung, so waren in seiner Kindheit die Spaghetti für Neapel charakteristischer als der Vesuv oder das Meer: »Ich war zehn Jahre alt und die Spaghetti waren auf einer kleinen Terrasse über Stangen gehängt, um sie in der Sonne

Straßenszene in Neapel zu Beginn des 20. Jahrhunderts.

zu trocknen. Sie sahen aus wie ein Baum; die goldfarbenen Weinreben in den kleinen, nahe gelegenen Gärten der Nachbarschaft ähnelten ihnen. (...) Auf den kleinen Plätzen wurden gekochte Spaghetti verkauft. Es waren gigantische Kochstellen im Freien, mit Töpfen, die den Louvre hätten enthalten können. ›Un due, un tre‹ schrien die Kellnerjungen, indem sie dem Koch den Teller reichten und damit meinten: zu zwei oder drei Soldi.«

Ein Teller Pasta war in Marottas Kindheit ein denkbar billiges Gericht: »Jede Gasse sah wie ein Speisesaal aus, voll mit Kindern, die mit ihren Tellern auf dem Schoß vor den Türen der Häuser saßen.«

Nudeln prägten die Kultur eines einfachen und proletarischen Lebens. Die Tomatensoße war da durchaus nicht selbstverständlich. So war ein rotverschmierter Mund ein Zeichen dafür, daß man sich auch Soße leisten konnte. Und mancher trug dieses Zeichen noch nach der Mahlzeit stolz im Gesicht. Ihre heiratsfähigen Töchter präsentierten die Väter beim sonntäglichen Spaziergang gern mit diesem Wohlstandsmerkmal.

Überhaupt die Tomate! In der Verbindung des roten *sugo* der Tomaten *(salsa di pomodoro)* mit den weißen Maccheroni dürfen wir – was Farbkombination und Geschmack anbelangt – den wohl genialsten Streich der italienischen Küche sehen. Zusammen mit bestem Olivenöl gegessen: einfach unübertrefflich! In Europas Küchen zögerlich aufgenommen – in der italienischen spricht man erstmals von ihr 1773 im »Cuoco Galante« des Priesters Vincenzo Corrado –, fand die Tomate, die man anfangs sogar für giftig hielt, schließlich hier in

Maccheroni-Esser, 19. Jahrhundert.

Maccheroni-Esser, 19. Jahrhundert.

Italien ihre eigentliche und neue Heimat – in Verbindung mit der Pasta. Und diese hat sich von Neapel aus im Laufe der letzten zwei Jahrhunderte in ganz Italien zu einem geradezu idealen Volksgericht entwickelt. Es ist die italienische Nationalspeise schlechthin: gesund, leicht zu bereiten und nicht teuer. Dazu ist sie auch noch ein die Phantasie anregendes Gericht, von dem man schon früh sagte, daß wer Maccheroni ißt, sich nicht mehr alleine fühlt!

Und so wird man ohne Schwierigkeiten Cesare Marchi (1900) folgen können, daß nichts – weder die Kunst, noch die Sprache, die Erinnerung oder das Herz – die Italiener so sehr verbindet wie eben die Pasta. Die von den Vätern des Risorgimento erträumte Einheit des Landes nennt man heute *pastasciutta*!

Vorurteil und Spleen

Im Ausland ist daraus für die Italiener allerdings ein nicht immer schmeichelhaftes Attribut geworden. Der »Spaghetti- oder Maccheronifresser«, mit dem Italiener als Gastarbeiter in Deutschland leider auch heute manchmal noch abschätzig bezeichnet werden, ist die dunkle Kehrseite des freundlichen Traums Heines von Italien als dem »Maccheroniland«. Zudem unterschlägt die abschätzig-dümmliche Bezeichnung »Maccheronifresser« nicht nur die besondere Qualität der Pasta, sondern auch die Tatsache, daß es Zeiten gab, da diese Teigware außerhalb Italiens eine besondere Delikatesse war.

In einer englischen Zeitschrift, dem »Scots Magazine«, wird 1772 dem englischen Italienfreund mitgeteilt, »Macaroni« sei der Name für ein bekanntes italienisches Gericht, das in England bis vor wenigen Jahrzehnten noch so gut wie unbekannt gewesen sei. Nur ausgesprochene Feinschmecker hätten diese »Macaroni« von Neapel nach England gebracht, um sie dort in London in einem der berühmtesten Kaffeehäuser als Spezialität essen zu können. Das Magazin unterrichtet seine Leser weiter, daß sich die in besagtem Café »Almack« aus- und eingehenden Dandies inzwischen den Titel ›Macaroni‹ gegeben hätten. Allerdings würde dieser Titel mittlerweile auch gern benutzt, um affektierte und exaltierte Typen zu charakterisieren.

Berlioz ißt mit den Lazzaroni

Ausführlich schildert der französische Komponist Hector Berlioz (1803–1869) im ersten Teil seiner 1848 abgeschlossenen Memoiren seine italienische Reise, die ihn unter anderem auch nach Neapel führte. Von seinen verschiedenen Ausflügen möchte ich eine Begegnung herausgreifen, die er mit den Ärmsten der Armen Neapels machte.

Hector Berlioz hatte die Bekanntschaft der *lazzaroni* (auch *lazzari*) geschlossen, die als Gelegenheitsarbeiter und Bettler meist auf der Straße lebten: »Wer hat nicht für die Sitten der Lazzaroni, dieses so lustigen, diebischen, kindlichen Volkes, das so geistreiche Witze macht, und manchmal eine so harmlose Güte zeigt, eine gewisse Nachsicht empfunden?«

Entschlossen, nach einem Rundgang in der Villa Reale eine Bootsfahrt zur Felseninsel Nisida zu machen, begibt sich Berlioz an den Strand. Zu einem vernünftigen Preis heuert er vier Ruderer an, deren Anführer jedoch dreißig Francs verlangt, auch noch zwei weitere Kumpane fordern Geld von ihm. Berlioz akzeptiert, doch um das letzte Wort zu behalten, verlangt er noch die beiden Burschen mitzunehmen, die stumm dastehend das Aushandeln neidisch beobachtet hatten. Es herrscht große Freude unter den Lazzaroni, und in wenigen Minuten erreicht man die Insel. Doch ein plötzlich aufkommender kalter Wind und die Angst, den gefährlichen Wellen nicht standzuhalten, sorgen für eine vorzeitige Rückkehr. Groß ist das Bemühen der acht Ruderer, in der heftig schaukelnden Nußschale wieder festes Land zu erreichen. Keinem ist mehr zum Lachen und schon gar nicht zum Singen zumute, ja mancher von ihnen betet sogar den Rosenkranz. Glücklich wieder an Land, war die Gefahr jedoch schnell vergessen. Als dann auch noch die erpreßten dreißig Francs ausgezahlt werden, freuen sie sich wie kleine Kinder und zeigen sich reuevoll. Man lädt Berlioz zum Essen ein. Nach einem Fußweg durch ein Pappelwäldchen, entlang der Straße nach Pozzuoli, erreicht die Gesellschaft bald die Hütte der Lazzaroni und beginnt sofort mit flinker Hand das ›Festmahl‹ vorzubereiten.

Berlioz schreibt dazu: »Bald erschien ein kleiner Berg von dampfenden Maccheroni; man forderte mich auf, dem Beispiele der anderen zu folgen und meine rechte Hand hineinzutauchen; ein großer Krug von Wein vom Pausilippo (Posillipo) wurde auf den Tisch gestellt, und jeder von uns trank der Reihe nach daraus, allerdings nach einem zahnlosen Greis, dem einzigen der Gesellschaft, welcher vor mir trinken durfte, da bei diesen biederen Kindern die Achtung vor dem Alter höher stand als die Höflichkeit, welche sie ihrem Gaste zu schulden glaubten.«

Politische Gespräche folgen und auch alte Geschichten von langen Seereisen des ältesten der Lazzaroni. Zum Abschied herrscht großes Gemurmel, und der größte der jungen Lazzaroni überreicht dem Gast verlegen ein Geschenk: eine riesige Zwiebel, eine ungeheure Schalotte. Man bittet Berlioz, dieses Geschenk mitzunehmen, »welche aus dem herrlichsten besteht, was sie mir anbieten können und imstande ist, den unempfindlichsten Menschen zum Weinen zu bringen.«

Die Besonderheit der neapolitanischen Pasta

In der in London 1806 erschienenen Ausgabe der Zeitschrift »Italian Scenery« schreibt M. Bonaiuti, man könne die neapolitanischen Maccheroni sehr leicht erkennen:

»Sie sind nicht in der Form eines Knäuels gewickelt, wie die aus Genua, sie sind absolut gerade und nur an einem Ende haben sie eine Kurve (gewellt), so daß sie – gleich nachdem sie aus der Presse gekommen sind – in der vorgeschriebenen Länge auf Stöckchen zum Trocknen aufgehängt werden. Das Loch, das von einem Ende zum anderen geht, ist präzise gemacht. Sie zerbrechen nie beim Kochen. Was sie am meisten unterscheidet, ist ihre goldgelbe Farbe. Ihr Teig ist körnig und gegen das Licht betrachtet, scheint er eine besondere Transparenz zu haben, die typisch ist für die echten Maccheroni aus Neapel. Zerbricht man die Maccheroni, erkennt man an der Innenseite einen Glanz, der bei anderen Pastasorten nicht zu sehen ist.«

In einem Kasten wird der Teig für Maccheroni mit den Füßen bearbeitet.

Die neapolitanische Pasta hatte auf natürliche Weise die gelblich durchscheinende Farbe von Bernstein; dagegen glänzte die Pasta aus Genua kaum und war so gut wie undurchsichtig, wenn man sie gegen das Licht hielt. Zeigte sie eine gelbe Farbe, so war das ein Zeichen für die Verwendung von Safran. Der Grund für den fehlenden Glanz der genovesischen Pasta lag in der Art ihrer Herstellung. In Genua arbeitete man mit der *gramola a mola*, die unter großem Druck eines schweren Steinrades die kristallinen Körner des Grießes zermalmte und zerstäubte. Durch diesen Mahlprozeß ging die natürliche Gläsernheit größtenteils verloren. Der Unterschied in Neapel lag in der sanften Bearbeitung mit kochendem Wasser, das die Ränder des kristallinen Grießkorns aufweichte. Der darauf einsetzende sanfte Druck von Füßen und die nachfolgende konzentrierte Bewegung der Stange trugen dazu bei, daß die kleinen Hohlräume zwischen den Körnern beseitigt wurden. Nochmal reichlich und sehr heißes Wasser war nötig, um die Arbeit der Enzyme im Grieß und im Keim zu fördern. Solche Enzyme hatten die Funktion, den Maccheroni ihren Geschmack zu geben und gleichzeitig die Stärke aufzuschließen. Einerseits vereinfachte das die Teigzubereitung, weil die Ränder der Grießkörner dabei aufgeweicht wurden. Andererseits riskierte man, die Widerstandskraft der Maccheroni herabzusetzen, sobald sie gekocht waren. Man benötigte deshalb einen Weizen, der reich an Eiweißarten war, die während des Kochvorgangs die Ausflockung förderten. In dem Hartweizen aus Taganrog waren sie bis zu 19 Prozent enthalten. Auch war darauf zu achten, den Teig immer recht flüssig zu halten, um ihn auf diese Weise verhältnismäßig schnell pressen zu können. Dadurch wurde die Bildung von Säure im Teig vermieden.

Schwierig war es allerdings, einen solchen Teig zu trocknen. Doch auch dieses Problem meisterten die schlauen neapolitanischen *pastai*, indem sie den Wechsel von Sonne und Schatten nutzten und die Nudeln über Stangen im Freien aufhingen. Sobald sich Wolken vor die Sonne schoben, wurde diese Gefahr durch das Klingeln eines Glöckchens angezeigt; noch vor dem ersten Regentropfen wurden die Nudeln von Arbeitern nach drinnen geholt.

Allerdings mußten sie sich noch mit einem anderen Problem herumschlagen: dem der Schafe und Ziegen, die nur mit Mühe von der zum Trocknen aufgehängten Pasta ferngehalten werden konnten. Noch heute spricht man in Gragnano von dem stetigen Kampf der *pastai* mit dem *pastore*, dessen Herde durch die Via Roma zog und dabei die Pasta von den Stangen zerrte und auffraß.

Maccheronipresse, 19. Jahrhundert, Neapel.

Vom vergangenen Reichtum kleiner Städte

Nicht Neapel, sondern die kleinen Städte Amalfi und Vietri an der salernitanischen Küste sowie Gragnano und Torre Annunziata am Golf von Neapel entwickelten sich im Laufe des 19. Jahrhunderts zu den eigentlichen Zentren der ›neapolitanischen‹ Pastaproduktion. In diesen Gegenden gab es von den Bergen Faito und Lattari reichlich Wasser, das schon seit Jahrhunderten für den Betrieb vieler Mühlen gesorgt hatte. In Gragnano arbeiteten Mitte des 19. Jahrhunderts allein 30 solcher Mühlen, deren natürliche Energie allemal ausreichte, die schweren Mühlsteine zu bewegen. Für den Transport von Weizen, Mehl und Pasta hatte man den etwa drei Kilometer entfernten Hafen von Castellamare di Stabia; 1885 erfolgte der Anschluß ans Eisenbahnnetz. Besonders wichtig aber war das für die Pastaproduktion ideale, weil anhaltend konstante Klima, das Gragnano wie auch Torre Annunziata eine konkurrenzlose Qualität der hier produzierten Pasta garantierte. Außerdem kannte man sich nirgendwo besser in den Techniken der Herstellung von Pasta aus als hier, wo man bereits seit Anfang des 16. Jahrhunderts mit einer Druckpresse *(torchio* oder *trafila)* die Form der ersten uns heute bekannten Maccheroni erzeugt hatte. In Torre Annunziata setzte man 1860 auch erstmals eine hydraulische Druckpresse ein.

Dieses Foto wurde Ende des 19. Jahrhunderts in Neapel aufgenommen. Im Hintergrund sieht man einen Mann und zwei kleine Kinder in einem Laufrad. Sie schaffen »die Energie« für den Arbeitsvorgang. Ein Arbeiter dreht eine Kurbel mit einem Messer, das die Pasta »kurz« schneidet, bevor sie in den Korb fällt.

Wie Gragnano, wo um die Mitte des 19. Jahrhunderts etwa 75 Prozent der Bevölkerung in der Maccheroni-Industrie arbeiteten, so lebte auch Torre Annunziata von der Herstellung der Pasta. Hier zählte man Anfang des 20. Jahrhunderts dreihundert Hafenarbeiter, Sackträger, Verpacker, Ruderer, Träger für schweres Gewicht und Kontrolleure, die alle damit beschäftigt waren, die russische Weizenfracht zu löschen. Zwischen 1904 und 1914, der goldenen Zeit der Pastaproduktion in Torre Annunziata, machten allein fünfhundert Müller in vierzehn großen Dampfmühlen aus dem Weizen *semola*. Achthundert *pastai* in vierundfünfzig *pastifici* verwandelten diesen Grieß dann in Pasta. Zweihundert Mechaniker, Heizer und Schreiner bedienten und reparierten die Maschinen, ebenso viele *carbonai* (Köhler) versorgten die Maschinen mit Brennstoffen. Weitere hundert waren für die Lieferungen der Pasta nach Neapel zuständig, und fünfzig luden die Waren auf Züge und gehörten zur Bahnhofsmannschaft.
Die *lanzaioli* brachten die Pasta mit ihren Booten unter die Bevölkerung. Im Hafen wurde sie auf große Schiffe verladen und vor allem nach Amerika gebracht.

Alles in allem verdienten sich in Torre Annunziata allein mehr als zehntausend Menschen ihren Lebensunterhalt mit der Pastaproduktion, deren Aufteilung in viele Arbeitsschritte jeden vom anderen abhängig machte. Auf alten Abbildungen sieht man, wie im 19. Jahrhundert der Teig für die Maccheroni noch mit einer langen, hölzernen Stange geknetet wurde. Sie war in der Mitte des großen Teigbehälters festgemacht und durch das Gewicht der sitzenden Arbeiter beschwert. Durch wiederholtes Aufstehen und Hinsetzen drückten die Arbeiter – von ihrem Gesang rhythmisch begleitet – die Stange auf die vorher mit den Füßen bearbeitete Teigmasse, so daß ein homogener Pastateig entstehen konnte. Um ihn in Maccheroni zu verwandeln, preßte man den Teig anschließend durch eine gelöcherte Kupferscheibe. Nur diese Scheibe und die Innenseite des Teigbehälters waren aus Metall, alle übrigen Geräte aus Holz.

Ein anderes Foto aus Torre Annunziata zeigt uns die weiterentwickelte Version eines Arbeitsprozesses der kurz geschnittenen Pasta, wie er seit Anfang des 19. Jahrhunderts üblich war. Die Presse hat eine horizontale Achse anstatt der üblichen vertikalen. Eine horizontale Schraube drückt mit einem Kolbenende auf den Teig. An ihrem gegenüberliegenden Ende ist ein großes Rad befestigt, auf dessen Speichen kleine Kinder klettern. Das Rad setzt sich langsam in Bewegung und treibt die Schraube mit ihrem Kolben, der dabei automatisch auf den Teig drückt. Die Nudeln, sehr dünn und kurz geschnitten durch ein in der Mitte befestigtes Messer, fallen aus einer vertikalen Scheibe direkt in den Korb.

Solche Bilder erzählen von den Anfängen einer maschinellen Pastaproduktion, die sich im Verlauf unseres Jahrhunderts radikal gewandelt hat. Die Arbeit mit den Händen und Füßen wird rasch zur Vergangenheit, wo es darum geht, mit neuesten Maschinen in klinisch sauberen und fast menschenleeren Fabrikhallen die Herstellung zu rationalisieren. Ein Raum des Museums in Pontedassio dient der Illustrierung dieses Wandels, der die am Golf von Neapel lebenden Familien durch den Verlust ihrer Arbeit schwer getroffen hat. Doch arbeiteten bis in die vierziger Jahre die Betriebe in Gragnano und Torre Annunziata auch in technischer Hinsicht noch durchaus wirtschaftlich und konkurrenzfähig. Allerdings hat man sich von der großen Krise der fünfziger Jahre nicht mehr erholen können. Weitere technische Entwicklungen, wie die Vollautomatik in den verschiedenen Herstellungsphasen, und die Konzentration der Produktion haben schließlich zum Niedergang dieser Hauptstädte der Pastaproduktion geführt.

Am 10. Juni 1971 erschien in der italienischen Wochenzeitschrift »Panorama« ein Artikel, überschrieben mit »Torre Annunziata piange sui maccheroni« (»Torre Annunziata weint um seine Maccheroni«). Darin sagte der Bürgermeister Luigi Matrone: »Wir hatten 82 Pastifici und Mühlen, die 4000 Menschen Arbeit gaben. Übriggeblieben sind zwei Pastifici und eine Mühle, die mehr oder weniger zweihundert Personen beschäftigen.« Die großen, goldenen Zeiten der »weißen Kunst« waren vorbei.

Gleichwohl gibt es nach wie vor und vermehrt Pasta aus Torre Annunziata und Gragnano. Einige beherzte Unternehmer haben sich auch durch das verheerende Erdbeben von 1980 nicht entmutigen lassen, eine der hiesigen Tradition und der außergewöhnlichen Qualität der hier hergestellten Teigwaren verpflichtete Pastaindustrie auszubauen. Allein in Gragnano arbeiten wieder acht Pastifici und produzieren 5000 Doppelzentner pro Tag.

In New York, wo in der Vergangenheit unzählige Kisten mit Maccheroni ankamen, die den Namen Gragnano trugen, soll es heute übrigens noch immer Feinschmecker geben, die nur dann Maccheroni kaufen, wenn sie aus ebendiesem Ort kommen. Ich kann sie gut verstehen.

Gott erschuf die Pasta

Aus dem Neapel gewidmeten Raum, in dem auch die schönsten Beispiele der frühen Reisesouvenirs ausgestellt sind, führt eine Treppe zu einer Terrasse, von der aus ich in den letzten Raum gelange. Auch hier ist etwas von der Zeit zu spüren, in der das Museum gegründet wurde. Aber diesmal ist es nicht die besondere Art der Präsentation, die mich in die fünfziger Jahre zurückversetzt, sondern es sind Fotografien Spaghetti essender Schauspieler, wie Totò, Aldo Fabrizi, Ingrid Bergman, Fernandel oder Sophia Loren als »amerikanische Spaghettikönigin« – Filmstars im Kampf mit den Nudeln! Spaghetti essen ist nicht nur lustvoll, sondern auch schwer. Da ist es beruhigend zu sehen, daß sich auch die Ersatzgötter des 20. Jahrhunderts in das Nudelgewirr verstricken und über der Eßlust ihre feinen Tafelmanieren vergessen.

Aldo Fabrizi, der in seiner Zeit der in Rom wohl beliebteste Volks- und Filmschauspieler war, läßt in einem von ihm ganz der Pastasciutta gewidmeten Prosabändchen Gott am sechsten Schöpfungstag sagen: »Ich habe viele Stunden gearbeitet. Morgen ist Sonntag und ich feiere ...; und bevor ich Adam erschaffe, werde ich erst einmal die Pasta erschaffen.«

»Spaghetti machen friedlich« – Marinettis Schlacht gegen die Pasta

Das sonderbarste Dokument in diesem Raum ist aber eine Zeitungsseite aus den frühen dreißiger Jahren. Auf ihr ist ein elegant gekleideter und schon etwas älterer Herr abgebildet, wie er einer Köchin Anweisungen gibt. Es ist kein Geringerer als Filippo Tommaso Marinetti, jener futuristische Schriftsteller, der mit anderen italienischen Künstlern, wie Carrà und Boccioni, am 20. Februar 1909 in Paris im »Figaro« das erste futuristische Manifest veröffentlichte.

Die Verbindung zwischen Futurismus und Spaghetti-Museum schafft im Falle Marinettis nicht nur dessen Ablehnung der bürgerlichen Eßkultur des 19. Jahrhunderts, sondern auch seine Begeisterung für den Krieg. Er war Freund und späterer Gefolgsmann Mussolinis und als Futurist wie viele seiner Mitstreiter fasziniert von der Ästhetik des Krieges und der darin angewandten Technik. In einem Manifest zu Italiens kolonialem Angriffskrieg gegen Äthiopien, an dem er 1936 selbstverständlich teilnahm, schrieb Marinetti damals: »Seit siebenundzwanzig Jahren erheben wir Futuristen uns dagegen, daß der Krieg als antiästhetisch bezeichnet wird. (...) Der Krieg ist schön, weil er dank der Gasmasken, der schreckenerregenden Megaphone, der Flammenwerfer und der kleinen Tanks die Herrschaft des Menschen über die unterjochte Maschine begründet.«

Schon vor diesem Vernichtungsfeldzug gegen das äthiopische Volk hatten sich die Faschisten in Italien propagandistisch gegen das übermäßige Essen gewandt. »Se tu mangi troppo derubi la patria« (»Wenn Du zuviel ißt, beraubst Du das Vaterland.«) lese ich auf einem Plakat, auf dem ein Militär mit strengem Blick einen vor einem gedeckten Tisch sitzenden Zivilisten gebieterisch auf die Schulter klopfend ermahnt.

Diese Propaganda nimmt Marinetti mit dem irritierend provokanten Manifest »La Cucina Italiana« vorweg, das auf der im Museum gezeigten Zeitung vom 15. Januar 1931 datiert ist. Das Hauptangriffsziel ist darin der Spaghettikonsum der Italiener. Mit Blick auf die »fleischessenden Deutschen« behauptet Marinetti, Völker, die Pasta und andere Getreide äßen, seien pazifistisch, jene hingegen Krieger, die Fleisch äßen: »I popoli che mangiano pasta e altri cereali sono pacifici, quelli che mangiano carne sono guerreiri.«

Marinettis Kriegsbegeisterung wird in dem Manifest von der Vorstellung des schwächlichen, kriegsuntüchtigen, durch allzuviel Pasta rundlich gewordenen Italieners begleitet. So problematisch wie diese Leidenschaft für den Krieg, so absurd ist auch Marinettis Auffassung, mag sie in manchen seiner Äußerungen auch noch so artistisch gemeint sein.

Dennoch hat diese Polemik gegen die bis dahin unangefochtene Bedeutung der Spaghetti und Maccheroni in Italien Ende der zwanziger Jahre einigen Staub aufgewirbelt. Sie erinnert überdies daran, daß die Pasta in der Vergangenheit nicht immer nur Freunde fand. Obwohl ein so einfaches Gericht, hat sie gerade bei denen immer wieder Argwohn und Ablehnung hervorgerufen, die in ihr die Verkörperung der hedonistisch gefärbten Trägheit und Gelassenheit mit einem Hang zur Völlerei vermuteten. So hatte schon Ende des 15. Jahrhunderts der große Gegenspieler Lorenzo de' Medicis, Girolamo Savanarola, den Florentinern vorgehalten, daß es ihnen nicht genüge, ihre Pasta und Ravioli bloß zu kochen. Nein, sie müßten sie auch noch unter Zugabe von Knoblauch und Käse in der Pfanne braten.

Für den Mönch war diese Kritik vor gut vierhundert Jahren Teil seines fanatischen Kreuzzugs gegen ein in seinen Augen verschwenderisches und daher gottloses Leben. Demgegenüber wollte Marinetti eine grundlegende Erneuerung des italienischen Ernährungssystems, um, wie er sagte, der italienischen Rasse »neue heroische und dynamische Kräfte« einzuflößen. Im Radio prophezeite er seinen Hörern: »Die futuristische Küche wird von der alten Besessenheit durch Volumen und Gewicht befreit sein; einer ihrer Grundsätze wird die Abschaffung der Pasta asciutta sein. Die Pasta asciutta, so angenehm sie auch für den Gaumen sein mag, ist ein passatistisches (traditionalistisches – d. A.) Gericht, weil es schwer macht, vertiert, über ihren Nährwert täuscht, weil sie skeptisch, langsam, pessimistisch stimmt. Der Patriot bevorzugt statt dessen den Reis.«

Nach dieser Ansprache sei am nächsten Tag in allen Tageszeitungen die heftigste Polemik explodiert, »an der sich alle sozialen Schichten beteiligten, von den Damen bis zu den Köchen, Literaten, Astronomen, Ärzten, von den Straßenjungen, Ammen, Soldaten, Bauern bis zu den Hafenarbeitern. Wo immer in Italien in einem Restaurant, einer Weinstube oder im Haushalt die Pasta asciutta serviert wurde, gab es unmittelbare Verwicklungen durch endlose Diskussionen.«

Schließlich erschien am 28. Dezember 1930 in der »Gazzetta del Popolo« in Turin ein weiteres von Marinetti verfaßtes »Manifest der Futuristischen Küche«. Unter anderem heißt es darin: »Wir sind überzeugt, daß in dem zu erwartenden künftigen Weltkrieg das agilste und sprungbereiteste Volk siegen wird; nachdem wir Futuristen die Weltliteratur mit den befreiten Worten und dem Simultanstil entschlackt, aus dem Theater durch alogische Überraschungssynthesen und Dramen mit leblosen Gegenständen die Langeweile vertrieben, die Plastik durch Antirealismus ins Ungeheure gesteigert, den geometrischen Glanz einer Architektur ohne dekoratives Beiwerk und schließlich die abstrakte Filmkunst und Fotografie geschaffen haben, setzen wir nun die Nahrung fest, die einem immer luftigeren und schnelleren Leben entspricht. Vor allem halten wir für notwendig: Die Abschaffung der Pasta asciutta, dieser absurden Religion der italienischen Gastronomie. Vielleicht werden den Engländern Stockfisch, Roastbeef und Pudding nützen, den Holländern gekochtes Fleisch und Käse, den Deutschen Sauerkraut, Räucherspeck und Schlackwurst; aber den Italienern nützt die Pasta asciutta nicht.«

Nur einmal hat ein Italiener versucht, einen ›Krieg‹ gegen die Pasta zu entfesseln und das gleich mit allem nur denkbaren Fanatismus. Marinettis Diskriminierung der Pasta bei seinem brachialen Versuch, die italienische Küche insgesamt zu modernisieren, sie der Geschwindigkeit des Autos und der Dynamik und der Ökonomie des großstädtischen Lebens anzugleichen, wirbelte seinerzeit viel Staub auf, blieb aber zum Glück Episode. Mögen die Eßgewohnheiten auch der Italiener der von den Futuristen ausdrücklich begrüßten Hektik des modernen Lebens inzwischen vieles an Tribut gezollt haben, so hat zumindest die Pasta Marinetti überlebt.

Doch gerade deshalb will mir die Mahnung Giuseppe Marottas heute aktueller denn je erscheinen: »Man muß zu den Spaghetti mit der damaligen Geduld und Liebe zurückkehren. Verlassen wir die abstrusen Kathedralen der modernen Bestrebungen, voll Symbolen, Bedrohungen und Angst; lassen wir uns doch einfach wieder auf die sanftmütige Wirklichkeit der Spaghetti ein.«

Pasta ist gesund

Amerikanische Wisssenschaftler haben auf einem Fachkongreß über Herz- und Gefäßkrankheiten vor mehreren Jahren in Florenz die Ergebnisse einer Langzeitstudie mit den Worten zusammengefaßt: »Mit der Revolutionierung der Ernährung, mit einer radikalen Umstellung von amerikanischen auf italienische Eßsitten, konnten wir in unserem Versuchsbereich die Herzinfarktsterblichkeit in den letzten fünf Jahren um 20 Prozent senken.«

Wir müssen uns jedoch darüber im klaren sein, daß die italienische Eßsitte mit einem Antipasto, einer Vor-, Haupt- und Nachspeise sowie reichlich Brot zu den Mahlzeiten damit nicht gemeint sein kann. Die Rede ist vielmehr auch hier von eben jener *pasta secca*, dieser in der Regel röhrenförmigen *pasta napoletana*, die hauptsächlich als Maccheroni mit geriebenem Parmesankäse und Tomatensoße gegessen wird. Bleibt es bei diesem einfachen Nudelgericht, so spricht man zu Recht von der außerordentlich gesunden *dieta mediterranea*. Hundert Gramm nicht angerichtete Pasta enthalten etwa 350 Kalorien mit äußerst geringen Fettanteilen. Gehen wir davon aus, daß wir die Pasta doch wenigstens mit etwas Tomatensugo, Käse und Öl essen, so sind es etwa 500 Kalorien mit einem idealen prozentualen Anteil von 11,9 Prozent Proteinen, 26,3 Prozent Fett und 61,8 Prozent Kohlenhydraten.
Infolgedessen richtet man seit einigen Jahren verstärkt im Norden die Pasta zunehmend auf das Image der südländischen Diät und gesunde Ernährungsprinzipien aus. Entsprechend hat sich die »Unione Industriali Pastai Italiani« (UN.I.P.I.) in ihren Werbeaktionen ganz auf die jungen Verbraucher konzentriert. Es gilt, das Bewußtsein zu verstärken, daß Teigwaren genau das Richtige sind für einen dynamischen, aktiven und sportlichen Lebensstil. Pasta, Energie, Fitneß, Sport waren die Themen der Kommunikationskampagne der UN.I.P.I. für das Jahr 1992. Kinder versucht man bereits in den ersten Mittelschuljahren gezielt mit Quizspielen (»Das Reich der Pasta«) und Aktionen in Mickey-Mouse-Heften zu erreichen.

Abschied

Das einzige Spaghetti-Museum Europas, in dem ich mich jetzt seit über drei Stunden aufhalte und dabei viel über die Geschichte der Pasta gesehen und gehört habe, ist ein kleines Museum. An ihm hat mich vor allem beeindruckt, wie eng es an diesem Ort mit der Geschichte verbunden ist, die es erzählt. Die Ausstellungsräume, ja das ganze Haus, sind so authentisch, wie kein noch so gut entworfener Museumsbau es wohl je sein kann. Dort, in Pontedassio, werden selbst die Details, an denen man sonst vielleicht vorübergehen würde, wichtig. Die Geschichte wird hier nicht nur ausgestellt, sondern auch spürbar.

Doch gehört das, was ich hier erzählt habe, seit September 1993 insofern der Vergangenheit an, als aus dem kleinen »Museo Storico Degli Spaghetti« ein »Museo Nazionale Delle Paste Alimentari« geworden ist und aus dem Haus des Müllers Agnesi in Pontedassio ein Palazzo Scanderbeg in Rom.

Einerseits kann man sich nur darüber freuen, daß die Pasta und die mit ihr verbundene Geschichte und Kultur mit der Verlegung nach Rom eine erkennbare Aufwertung und die ihr gebührende Aufmerksamkeit erfahren haben. Ein Zentrum mit all den von ihm ausgehenden Aktivitäten könnte so entstehen, wie es das Museum in Pontedassio zuvor nicht sein konnte. Doch wird, wer es kannte, hier in Rom seinen vormaligen Charme und seine Nähe zu dem, wovon es dem Besucher erzählt, leider vergebens suchen. Wieviel sinnvoller wäre es da gewesen, hätte man sich doch nur für Gragnano als Ort des neuen Museums entscheiden können. Die Pasta und ihre Geschichte wäre auf diesem Wege dahin zurückgekehrt, wo sie wirklich Geschichte gemacht und von wo aus sie ihren Siegeszug in alle Welt angetreten hat.

Erfreulicherweise hat man auch das in Gragnano begriffen. In Erinnerung an eine 1953 unterbrochene Tradition verwandelt sich seit September 1994 mit der »Festa Dei Maccheroni« das Städtchen alle zwei Jahre für einige Tage in eine heitere »Città Della Pasta«. Mit der Wiedereinführung des Festes reifte auch der Entschluß zur Einrichtung einer eigenen Sammlung und Dokumentation der Pastageschichte.

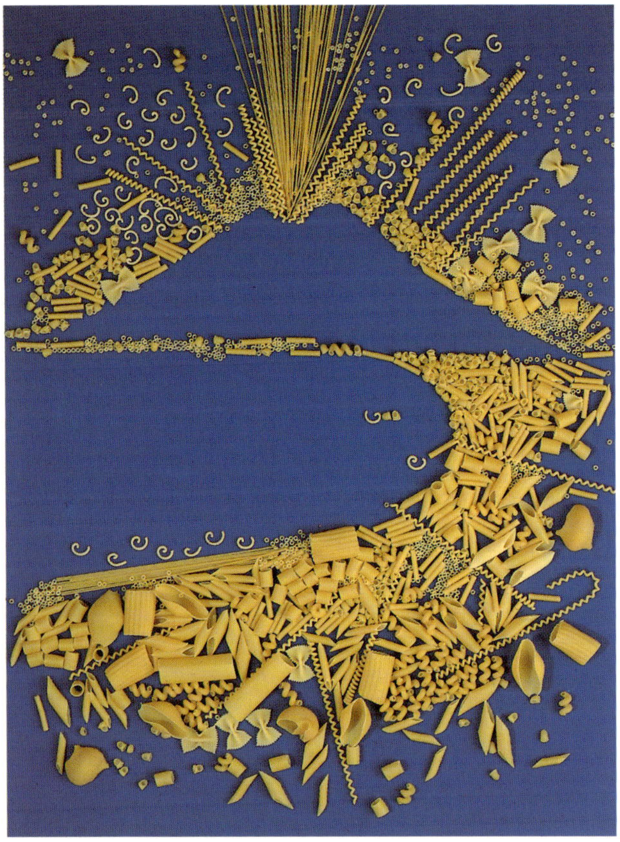

Plakat für »Festa Dei Maccheroni« (Gragnano 1.–4. 9. 1994), Entwurf von Gianni Esposito Cesariello, Claudio Lombardi und Nicola D'Ammora.

Berühmte Frauen und ihre Liebe zur Pasta

Josefine Baker mochte die Pasta am liebsten als »Spaghetti all'amatriciana«. Elisabeth II. von England ißt sie gerne als »Maccheroni all'inglese«: zerkleinert, gekocht und mit etwas Butter und Parmesan. Und Greta Garbo, die »Göttliche«? Sie bekannte in einem Interview, nichts lieber zu tun, als in den Bergen Rußlands zu wandern und Spaghetti zu essen.

Berühmte Frauen und ihre Liebe zur Pasta! Die Geschichte ist nicht nur reich an Erzählungen und Anekdoten, die von großen Männern als Feinschmecker erzählen. Auch in der Geschichte schöner und berühmter Frauen nimmt deren Begeisterung für die Küche und insbesondere für die Pasta einen außergewöhnlichen Platz ein. So soll Lucrezia Borgia (1480–1519) ihren Koch Maestro Zeffirino inspiriert haben, überhaupt die ersten Tagliatelle zu bereiten.

Der vom Appetit beflügelten Phantasie waren bei der Zubereitung keine Grenzen gesetzt. Maria de' Medici (1573–1615), der Gattin Heinrichs IV. von Frankreich, verdanken wir das »Pasticcio alla Medici«, ein Maccheronigericht mit Pilzen, Bries, Trüffeln, Hühnerklein und mit Leber gefüllten Vögeln.

Anna von Habsburg (1601–1666), Königin von Österreich und später durch die Ehe mit Ludwig III. Königin von Frankreich, liebte die gute Küche und insbesondere die italienische, die zuvor Caterina und Maria de' Medici nach Frankreich gebracht hatten. Für Anna von Habsburg erfanden ihre italienischen Köche die auch heute noch in der internationalen Küche bekannten »Maccheroni alla Anna d'Austria«: Ein geschmortes Huhn, gebettet auf überbackenen und mit Trüffel angerichteten Maccheroni, dazu als Beilage eine Nudelpastete aus Teigblättern, gefüllt mit Hühnerklein und Trüffelscheiben.

Von Francesca d'Aubigné (1635–1719), die in nicht standesgemäßer Ehe mit Ludwig XIV. lebte, wissen wir, daß sie ganz verrückt war nach Maccheroni, zubereitet mit einer »salsa di crema« und einem Eigelb, Käse und vor allem Knoblauch, denn sie glaubte, dieser habe die Wirkung eines Aphrodisiakums.

Schließlich Giudetta Pasta (1798–1865), eine der großen italienischen Sängerinnen und Interpretin der Werke Gioacchino Rossinis. Sie machte ihrem Namen alle Ehre und bereicherte – von Paris aus – gemeinsam mit dem Komponisten das Universum der Pasta um die berühmten »Maccheroni siringati alla Rossini«: große Maccheroni mit Trüffelpaste, Leber und weißem Hühnerfleisch gefüllt.

Sag mir, wie Du die Maccheroni (am liebsten) ißt, und ich sage Dir, wer Du bist? Vielleicht trifft es ja zu. Doch wer wäre so leichtsinnig, sich angesichts des Reichtums der Pasta festzulegen und nur bei *einem* Rezept seine Identität zu finden, anstatt sie immer wieder aufs neue auszuprobieren.

Dieses Wechselspiel von Geschmack und Eigenschaften begleitet meine Auswahl an Rezepten. Einige davon haben von mir sehr geschätzte Köche und Köchinnen entwickelt. Andere Rezepte habe ich aus ihrer jeweiligen lokalen Tradition abgeleitet und mir manchmal auch selber ein Pastagericht für Sie ausgedacht und im Freundeskreis ausprobiert.

PASTA
HERKUNFT: FERNOST
MIKADO Á LA
MARCO POLO
TOMATEN-DIP = 2 PUNKTE
PESTO -DIP = 3 PUNKTE
WER WACKELT,
MUSS ABWASCHEN.
WER ZERBRICHT,
MUSS KOCHEN
(VOR WUT).
CM
S.'94 *
NORD!
HOME
NO WAY!
UM-LEI-TUNG

Pasta-Rezepte

Vom »richtigen« Kochen der »richtigen« Pasta

Wer sich die Mühe macht, die Pasta sachgemäß herzustellen, der sollte auch darauf achten, sie sachgemäß zu kochen.
Dazu hat sich in einem Traktat über »Alle üblichen Mittagessen in unserem schönen Neapel« 1847 der Cavaliere Ippolito Cavalcanti, Herzog von Buonvicino, Gedanken gemacht:

»Man nehme fast zwei Kilo *rotoli*, aber diese, mein lieber Freund, sollen unsere neapolitanischen Maccheroni sein oder von der Küste, da in jeder x-beliebigen Gegend der Welt, es sei mir gestattet, das zu sagen, eine solche Maccheroni nirgendwo zu finden ist. Und obwohl sich zahlreiche Staaten in Bewegung gesetzt haben, unsere Methoden anzuwenden, um eine ebensolche Ware zu produzieren, ist ihnen eben das nicht gelungen, weil dies alles vorrangig von der Qualität des Weizens abhängt und weiter von dem Wasser, wie ich die Erfahrung selber auf meinen verschiedenen Reisen gemacht habe (...).
Man zerbreche sie in kleine Stücke, koche sie in einer normalen Brühe (aber auch in diesem Punkt muß man gut aufpassen, die Maccheroni hineinzutun, wenn die Brühe oder das Wasser kochen, sie genau in die Mitte des Topfes einzutauchen, da sie sonst gummiartig werden und den Geschmack verlieren).
Wenn sie halb gekocht sind, nimmt man sie aus der Brühe und die ›Kochzeit‹ setzt sich weiter fort, das heißt, ›weiterkochend‹ in der Terrine (noch sehr feucht) werden sie mit einem Häufchen geriebenem Parmesan serviert (...).
Es scheint eine Kleinigkeit, einen Teller Maccheroni vorzubereiten, trotzdem muß man aufmerksam sein.«

Dem neapolitanischen Handwerker war es gelungen, mit einfachsten Mitteln ein so delikates Gericht herzustellen. Und wer damals wissen wollte, wie er es schaffte, dem sagte man: »Mag sein die Luft, mag sein das Wasser«.

Nicht die Pasta »schocken«

In Neapel und auf Ischia lernte ich vor vielen Jahren bei Freunden: Die Pasta muß ›abgeschreckt‹ werden. Fachleute wiederum sagen, diese ›Schockmethode‹ sei falsch. Von anderen hörte ich, dem Kochwasser müsse ein Tropfen Öl zugefügt werden und der Topf solle beim Kochvorgang geschlossen bleiben. Ich habe diese und auch andere Ratschläge ausprobiert. Dabei bin ich zu dem Ergebnis gekommen, daß man nie vergessen sollte, was schon Giuseppe Marotta in seiner »Liebe zur Pasta« an den Spaghetti so sehr schätzte: daß sie blitzschnell, einfach und ohne viel Aufhebens zubereitet werden können. In diesem Sinne wird man keine Probleme haben, wenn man die folgenden Regeln beherzigt:

1. Ein ausreichend großer Kochtopf muß vorhanden sein.

2. Die Pasta soll in genügend Wasser kochen; auf 100 Gramm rechnet man mindestens 1 Liter Wasser.

3. Wasser zum Kochen bringen, salzen und die Pasta unbedingt erst ins sprudelnde Wasser geben. Eventuell bis zum Aufkochen zudecken.

4. Zum Umrühren nur eine Gabel oder einen Pastalöffel aus Holz oder Plastik benutzen.

5. Die Kochzeit ist immer auf den Packungen angegeben. Sicherer ist jedoch, vor Ablauf der Kochzeit die Pasta zu testen. Bißfest oder wie die Italiener sagen »al dente« ist die exakte Bezeichnung für gare Nudeln.

Sieht man beim Abbeißen einer Nudel innen noch einen winzig weißen Punkt, dauert es nur noch Sekunden, bis die Pasta fertig ist. Unrichtig ist, daß die Nudeln besser verträglich sind, je länger man sie kocht!

Befinden Sie die Pasta als gar, muß alles sehr schnell gehen. Das Sieb sollte griffbereit sein, um die Nudeln direkt aus dem Topf hineinzuschütten. Ein kurzes Schütteln zum Ablaufen des Wassers genügt. Die Pasta darf nicht zu naß, aber auch nicht zu trocken sein. Da sie immer noch etwas von der Flüssigkeit aufsaugt, sollte man sich (je nach Verwendung der Soße) etwas von dem Kochwasser aufheben.
Vom Moment des Abtropfens bis zum Anrichten ist der ›Kochvorgang‹ (auch wenn sie nicht mehr im Wasser schwimmen) noch nicht beendet.

6. Eine ausreichend große Schüssel oder Teller müssen vorgewärmt sein. Pasta, Soße und den geriebenen Käse schnell miteinander vermischen: Ein Drittel der Soße in die Schüssel geben, Pasta und Käse hinzugeben und zum Schluß noch etwas von der Soße unterziehen. Bei Tisch serviert man noch reichlich geriebenen Käse (je nach Rezept) und auf Wunsch mehr Soße. Das Unterziehen des Käses ist ratsam, da er besser schmelzen kann und sich so geschmacklich nicht abhebt. Wollen Sie die Pasta schon in der Küche auf Teller verteilen, holen Sie sie am besten mit einer Gabel direkt aus dem Kochwasser, lassen kurz die Flüssigkeit ablaufen und geben dann die Soße auf die Mitte des Nudelberges.

Die angegebenen Rezeptmengen reichen, wenn nicht anders angegeben, für 4 Personen.

Pasta »ciucca«

»Betrunkene« Pasta

Für dieses Rezept eignen sich nur die kurzen Nudelsorten, wie Rigatoni, Lumaconi, Tortiglioni, große Farfalle, Millerighe oder die großen Riccioli.

Ein sehr interessantes, doch eher ungewöhnliches Pastarezept, das ich schon für viele italienische Freunde zubereitet habe und das allen unbekannt war. Die Pasta wird nicht wie üblich in Wasser al dente gekocht, sondern unter langsamer Zugabe von Flüssigkeit so lange gerührt, bis sie gar ist. Das Ergebnis ist Pasta in einer sämigen Soße.
Gegessen und ausprobiert habe ich die Pasta ciucca erstmals bei Freunden in der Lombardei. In einer Region, in der viel Reis gegessen wird, kann dieses Gericht meiner Meinung nach auch entstanden sein. Die Parallelen zur Zubereitung eines Risottos werden Ihnen sofort auffallen.

500 g Pasta
1 große Zwiebel
3–4 EL Olivenöl und 1 EL Butter
150–175 g Pancetta (Bauchspeck)
75–100 g gekochter Schinken
ca. ¾ l Fleisch- oder Knochenbrühe
(auch aus gutem Fleischextrakt)
ca. ¾ l herber Weißwein
(die Flüssigkeitsmenge hängt von der gewählten Pastasorte ab)
frisch gemahlener weißer Pfeffer
frisch gemahlene Muskatnuß
Salz
Parmesan

Die Zwiebel schälen, fein hacken und in einem ausreichend großen Topf in Butter und Olivenöl dünsten.
Zwischenzeitlich den Bauchspeck und den gekochten Schinken kleinwürfeln und zu den hellbraunen Zwiebeln geben. Einige Minuten weiterdünsten. Der Schinken soll nicht anbraten, sondern schön saftig bleiben.
Die Fleischbrühe kurz erhitzen, den Weißwein hinzugeben und auf kleiner Flamme warm halten.
Jetzt die Pasta zu Speck und Schinken geben und unter ständigem Rühren nach und nach die Brühe zugießen. Dabei ist wichtig, einen Holzlöffel zu benutzen und stets darauf zu achten, daß die Teigwaren nicht am Topf anhängen.
Nachdem die Hälfte der Flüssigkeit eingekocht ist, erkennt man schon den Effekt, der erreicht werden soll: Es hat sich eine cremige Soße gebildet. Wenn die Nudeln gar sind, entsteht der Eindruck, als habe man Béchamelsoße darüber gegossen.
Bevor der geriebene Parmesan untergerührt wird, mit wenig Salz, aber reichlich Pfeffer und Muskatnuß würzen. Beim Salzen daran denken, daß der Speck und die Fleischbrühe schon salzig sind.

PASTA:
DER TEIG
SIE LEGT ZUM TEIGKNETEN DEN EHERING AB
ER FÜRCHTET DAS NUDELHOLZ...
SALZ
OLIVEN-ÖL
EI
MEHL

Vermicelli con vongole in bianco

Vermicelli mit Venusmuscheln

Ein Rezept, das an den Küsten Italiens und auf den Inseln sehr verbreitet ist.

Spaghetti, Linguine oder Fidelini können ersatzweise verwendet werden.

500 g Vermicelli
1 kg Venusmuscheln in Schalen
6 EL Olivenöl
3 Knoblauchzehen
1 Peperoncino
2 EL trockener Weißwein
2 EL gehackte Petersilie
Salz, Pfeffer aus der Mühle

Die Muscheln unter fließendem Wasser waschen, gut bürsten und leer scheinende und nicht ganz geschlossene Muscheln wegwerfen.
In einen großen Topf mit 2 Eßlöffel Öl geben, mit dem Deckel schließen und aufkochen lassen. Hitze reduzieren und so lange köcheln, bis die Muscheln geöffnet sind. Gelegentlich schütteln. Man kann die Muscheln auch nur in etwas Wasser garen.
Das Muschelfleisch aus den Schalen lösen, ungeöffnete Muscheln entfernen. Den milchigen Sud abgießen und ihn gegebenfalls filtern. (Für die Dekoration können Sie einige Schalen aufheben.)
Das Olivenöl in einer Pfanne erhitzen, zerdrückte oder zerhackte Knoblauchzehen und Peperoncino zugeben, kurz anrösten, ohne sie zu bräunen. Mit dem Weißwein ablöschen. Die Muscheln zusammen mit der Hälfte der Flüssigkeit zugeben und 2–3 Minuten mit kochen. Abschmecken.

In der Zwischenzeit das Nudelwasser zum Kochen bringen. Die Vermicelli nicht zu Ende garen, da sie nochmals erhitzt werden.

Die Pasta zusammen mit den Muscheln, der gehackten Petersilie und dem restlichen Muschelsud erhitzen und kurz ziehen lassen, damit die Nudeln etwas von dem Sud aufsaugen. Auf vorgewärmten Tellern anrichten, mit einigen Muschelschalen garnieren und bei Tisch frisch gemahlenen Pfeffer zugeben.

Eine Variation:
Wollen Sie die Muscheln in den Schalen servieren, so erhitzen Sie das Öl, geben die Knoblauchzehen und den Peperoncino zu, warten, bis der Knoblauch etwas Farbe angenommen hat und geben alle gründlich gesäuberten Muscheln hinzu. Die Hitze erhöhen und 8–10 Minuten unter Rühren garen. Danach alle ungeöffneten Muscheln wegwerfen. Mit dem Weißwein ablöschen und ihn verdunsten lassen. Abschmecken, mit den al dente gekochten Nudeln, der Petersilie und dem milchigen Sud vermengen. Auf vorgewärmten Tellern servieren.

Maccheroni alla chitarra col sugo abruzzese

Maccheroni mit einer sehr pikanten Soße aus den Abruzzen

Die Maccheroni alla chitarra, seit dem 14. Jahrhundert bekannt, sind typisch für die Abruzzen, und man kann sie als ein »Nationalgericht« dieser Region bezeichnen. Der Begriff *abruzzese* bedeutet entweder, daß es sich um ein Ragout aus verschiedenen Fleischsorten und Speck handelt oder um eine scharf gewürzte Tomatensoße.
Peperoncino wird gern und viel benutzt. Sie können bei der Soße, je nach Geschmacksempfinden, auch zwei bis drei davon verwenden, sollten sie jedoch vor dem Essen herausfischen. Denn für unsere Gaumen sind diese feurigen Schoten zu scharf und können schon die Lust aufs Weiteressen verderben.

Diese selbstgemachten Maccheroni aus den Abruzzen haben keine Ähnlichkeit mit den industriell hergestellten, sie sind eher wie Tagliatelle oder wie viereckig geschnittene Spaghetti. Doch in dieser und anderen südlichen Regionen werden viele Nudelsorten einfach als Maccheroni bezeichnet.
Zum Herstellen benutzen die Frauen ein Spezialgerät mit eng nebeneinander gespannten Saiten, *la chitarra* (die Gitarre). Es besteht aus einem rechteckigen Holzrahmen, auf dessen Längsseite dünne Eisendrähte gespannt sind. Die Handhabung ist einfach. Sie können es sich entweder leicht selbst anfertigen oder in einem italienischen Haushaltsgeschäft kaufen. Im Süden Italiens findet man es auch auf den Märkten.

Für den Teig:
400 g Hartweizenmehl (farina di grano duro)
4 Eier
Salz

Für die Soße:
600 g reife Tomaten
1 Zwiebel
2–3 Knoblauchzehen
5 EL Olivenöl
1 TL gehackte Petersilie
3 gehackte Sellerieblätter
einige grob zerkleinerte Minzblätter
Peperoncino
etwas Fleischbrühe
Salz
Pecorino oder Parmesan

Das Mehl auf ein Holzbrett geben, in die Mitte eine Vertiefung drücken, die aufgeschlagenen Eier hineingeben und etwas salzen. Von der Mitte beginnend alles vermischen und einen Teig bereiten. Man sollte ihn mindestens 10 Minuten kräftig durchkneten. Vor dem Ausrollen eine ¼–½ Stunde abgedeckt ruhen lassen.
Den Teig auf einer gut bemehlten Arbeitsfläche dünn ausrollen und in Teigplatten zerschneiden; sie sollen die Größe des Gerätes, das heißt der Bespannung, haben und eine Dicke, die den Abständen zwischen den Drähten entspricht. So werden die Nudeln quadratisch.
Nacheinander die Teigstücke auflegen und mit einem Nudelholz auf der Drahtbespannung entlangdrücken. Die nach unten gefallenen Maccheroni auf ein ausgebreitetes Küchenhandtuch verteilen, mit Grieß oder Mehl bestreuen, damit sie nicht aneinanderkleben, und bis zum Verbrauch trocknen lassen.
Wer genügend Zeit hat, sollte nicht nur dem Teig, sondern auch der Pasta vor dem Kochen eine »Ruhepause« gönnen.

Zubereitung der Soße:
Die Tomaten kurz kochen und pürieren. Die Zwiebel und den Knoblauch kleinschneiden (wer nur den Geschmack möchte, drückt die Zehen mit dem Handballen flach und entfernt sie vor dem Servieren) und im Öl kurz hellgelb anrösten. Danach die kleingeschnittenen Kräuter zugeben, Tomatenpüree und Peperoncino unterrühren und alles bei kleiner Hitze (ohne Deckel) kochen.
Nach 10 Minuten die Fleischbrühe zugießen und weiterköcheln lassen.
Zwischenzeitlich ausreichend Wasser zum Kochen bringen, salzen und die Nudeln darin garen.
Den Pecorinokäse reiben.
Die al dente gekochten Nudeln in einer vorgewärmten Schüssel mit der Hälfte der Soße und etwas geriebenem Käse vermischen. (Knoblauch und Peperoncino entfernen.) Die restliche Soße und den Käse bei Tisch reichen.

Fettuccine con fegatini di pollo

Fettuccine mit Hähnchenleber

Fettuccine werden besonders gern im Latium gegessen, sie sind etwas breiter als Tagliatelle, und der Handel bietet sie oft als Fettuccine nidi (im Nest) an.
Wenn Sie Zeit und Lust haben, dann bereiten Sie sie selbst nach dem folgenden Rezept zu:

400 g Hartweizen- und Weizenmehl (je 200g)
oder nur Weizenmehl (Type 405)
4 Eier
(Aus diesem Grundteig können Sie Tagliolini, Tagliatelle, Pappardelle und Lasagne herstellen.)

Für die Soße:
250 g Hähnchenleber
1 große Zwiebel
3 EL Olivenöl und 40 g Butter
100 g frische Pilze oder
30 g getrocknete Steinpilze
1 Schuß Weißwein und 1 Schuß Marsala
etwas Fleischbrühe
1 EL gehackte Petersilie
Salz
Pfeffer und Muskatnuß aus der Mühle
Pecorino oder Parmesan

Salz, so habe ich in der Lombardei und in der Emilia-Romagna gelernt, soll diesem Pastateig nicht zugefügt werden. Er bleibt *dolce*.
Außerdem gilt dort die Regel, die Eier und das Mehl nur mit den Händen, nicht aber mit der Gabel oder anderen Gegenständen zu vermischen. Zweifeln Sie an der Frische der Eier, so schlagen Sie sie vorsichtshalber einzeln in einer Tasse auf. Danach alle in die leichte Vertiefung des Mehls geben, mit dem Zeigefinger von der Mitte aus rühren und bis zum äußeren Rand langsam weiterarbeiten.
Die Arbeitsfläche sollte vor dem Durchkneten von klebenden Teigresten gesäubert und mit Mehl bestäubt werden. Bei dieser Arbeit ist zu beachten, daß es in der Küche keine Zugluft gibt; die klebrigen Hände werden zu schnell trocken, und der Teig kann bröseln. Eine gute ¼ Stunde kneten oder mindestens so lange, bis an der Oberfläche kleine Luftblasen zu sehen sind. Erscheint der Teig etwas zu weich, streuen Sie noch Mehl darüber. Es ist viel schwieriger, Pasta aus zu weichem als aus zu festem Teig zuzubereiten.
Ich halte nichts von der sehr verbreiteten Unsitte, alles in Alufolie einzupacken. Benutzen Sie die altbewährten Küchenhandtücher, um den Pastateig abzudecken und ihn ruhen zu lassen.
Nach ½ Stunde bearbeiten Sie den Teig kurz und rollen ihn mit Hilfe eines Nudelholzes gleichmäßig aus. Die Teigplatte mehrmals wenden, Mehl unterstreuen und bis zur gewünschten Dicke ausrollen. Für die Fettuccine oder Tagliatelle soll der Teig 3 Millimeter dick sein.

Die Teigplatten noch ½ Stunde liegenlassen und dann mit etwas Grieß bestreut zusammenrollen. Mit einem Messer in 5 Millimeter breite für Tagliatelle oder 8 Millimeter breite Streifen für Fettuccine schneiden, auf einem Küchenhandtuch ausbreiten und nochmals mit etwas Grieß bestreut bis zum Verbrauch liegenlassen.

Zubereitung der Soße:
Die Hühnerlebern putzen und in Scheiben schneiden.
Die Zwiebel schälen, in feine Ringe oder Würfel schneiden. In Öl und Butter anbraten, die Leberscheiben zufügen und 3 Minuten sanft weiterbraten. Die gebürsteten Steinpilze (wenn es trockene sind, müssen sie vorher einweichen) grob hacken und zugeben. Nach weiteren 3 Minuten mit dem Alkohol ablöschen, kurz einkochen lassen und bei Bedarf noch etwas Fleischbrühe zugießen. Abschmecken.
In der Zwischenzeit die Nudeln al dente kochen, abschütten, mit der Soße vermengen und die Hälfte des geriebenen Käses unterziehen.
Den Rest bei Tisch reichen.

Zwei Varianten:
Anstelle von Weißwein und Marsala kann man trockenen Sherry verwenden; und wer keine Pilze mag, gibt 2 reife, geschälte und entkernte Tomaten dazu. Allen Sahnesoßen-Liebhabern sei anstelle der Fleischbrühe ein kräftiger Schuß süße Sahne empfohlen.

Linguine al caviale
Linguine mit Kaviar

Man kann ebenso Spaghettini oder Vermicelli verwenden. Beim Kaviar muß es keineswegs die teuerste Sorte sein, auch wenn sie besser schmeckt. Gesund ist er wegen seines wertvollen Eiweiß- und Phosphorgehaltes. Es ist ein sehr schnell zubereitetes Essen und kann auch leicht abgekühlt serviert werden.

400 g Linguine
80 g Butter
80 g Kaviar
Salz, Pfeffer aus der Mühle

Die Pasta in reichlich Salzwasser al dente kochen. Zwischenzeitlich die Butter schmelzen (im Wasserbad oder mit etwas kochendem Nudelwasser), den Kaviar zufügen, würzen und die abgeschütteten Linguine sofort zugeben. Mehrmals schwenken und gegebenenfalls mehr von dem Kochwasser zugießen.
Bei Tisch mit Pfeffer bestreuen.

Sie können das Rezept auch unter Verwendung von Butter und Sahne abwandeln.
Die Butter schmelzen, 50 Gramm Sahne zugießen, kurz aufkochen und mit dem Kaviar und den Nudeln vermengen. Danach abschmecken.

Bavette con melanzane
Bavette mit Auberginen

Die Nudelsorte Bavette wird überwiegend in Ligurien hergestellt. Ich habe das Rezept aber auch schon mit Linguine und Trenette zubereitet.

500 g Bavette
4 mittelgroße bis große Auberginen
Salz
2–3 Knoblauchzehen
1 Bund glatte Petersilie
5 EL Olivenöl
Fleischbrühe
frisch gemahlener Pfeffer
Parmesan und Pecorino

Die Auberginen kurz abwaschen, den Stielansatz entfernen und unzerkleinert in kochendes Salzwasser legen.
Die Kochzeit hängt von der Dicke ab und beträgt ca. 5–10 Minuten.
Die Auberginen vorsichtig mit einem Schöpflöffel herausnehmen, abtropfen und erkalten lassen. Das Salzwasser zum Kochen der Nudeln aufbewahren.
Die Knoblauchzehen schälen, grob hacken oder breiig drücken; die Petersilie kleinschneiden und beides abgedeckt beiseite stellen.
Die Auberginen in Würfel schneiden oder pürieren.
Das Olivenöl erhitzen, den Knoblauch zugeben und kurz anbräunen (aber nicht dunkel, sonst wird er bitter). Die gewürfelten Auberginen dazuschütten, etwas von der Petersilie überstreuen und bei offenem Topf und großer Flamme 1 Minute anziehen lassen. Mit der Fleischbrühe ablöschen, die Hitze reduzieren, abdecken und 7–10 Minuten dünsten. Eventuell noch etwas Brühe nachgießen. Zwischendurch das Wasser der Auberginen wieder zum Kochen bringen und die Nudeln darin al dente kochen.
Kurz vor dem Anrichten die restliche Petersilie und die beiden geriebenen Käsesorten zu den Auberginen rühren und mit den abgetropften Nudeln vermischen.
Bei Tisch die Pfeffermühle und noch mehr geriebenen Käse bereithalten.

PASTA CROSS

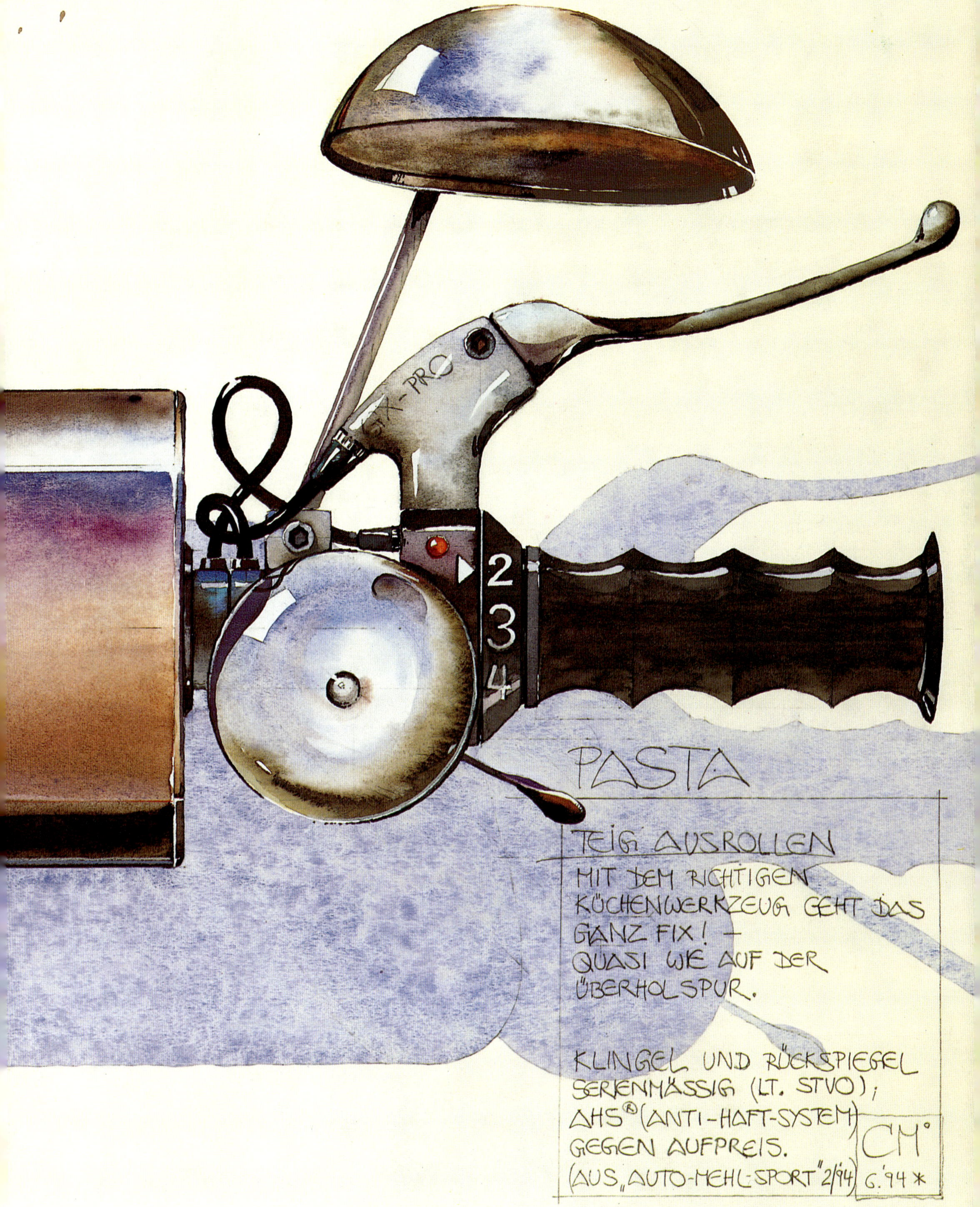
2
3
4
PASTA
TEIG AUSROLLEN
MIT DEM RICHTIGEN
KÜCHENWERKZEUG GEHT DAS
GANZ FIX! –
QUASI WIE AUF DER
ÜBERHOLSPUR.
KLINGEL UND RÜCKSPIEGEL
SERIENMÄSSIG (LT. STVO);
AHS® (ANTI-HAFT-SYSTEM)
GEGEN AUFPREIS.
(AUS „AUTO-MEHL-SPORT" 2/94)
CM°
6.'94 *

Pizzoccheri

Buchweizennudeln

Die Pizzoccheri sind eine Spezialität aus der Lombardei, und dort vor allem aus dem Valtellina-Tal. Man ißt sie gern in der Suppe, aber auch mit Wirsing, Kartoffeln und mit anderen Gemüsesorten sowie verschiedenen Käsesorten der Region.
Vereinzelt finden Sie auch industriell hergestellte Pizzoccheri.

Für den Teig:
300 g Buchweizenmehl
100 g Weizenmehl (Type 405)
Salz
3 Eier
3 EL warme Milch
oder
ohne Eier und Milch, nur mit etwas warmem Wasser

200 g Kartoffeln
200 g Wirsing
100–200 g Butter (je nach Geschmack)
2 Knoblauchzehen
4–5 Salbeiblätter
150 g Greyerzer oder Fontinakäse
Pfeffer aus der Mühle
Salz

Beide Mehlsorten mit den angegebenen Zutaten zu einem festen Teig verarbeiten und mindestens 10 Minuten ruhen lassen.
Auf einem bemehlten Holzbrett den Teig 3–5 Millimeter dick ausrollen und mit einem Messer in 1 Zentimeter breite und 5–8 Zentimeter lange Streifen schneiden. Mit Mehl bestreut auf einem Küchenhandtuch trocknen lassen.
Geschälte Kartoffeln in Scheiben und den Wirsing in Streifen schneiden. Beides in einen Topf geben, mit Wasser bedecken, salzen und zum Kochen bringen. Nach etwa 15 Minuten die Pizzoccheri zugeben und 4–6 Minuten mit kochen. Sie müssen gar, aber noch fest sein. Abschütten, was an Flüssigkeit zuviel ist.
Zwischenzeitlich die Butter erhitzen, die Salbeiblätter zugeben und den kleingeschnittenen Knoblauch darin hellgelb rösten. Den Käse würfeln.
Das Gemüse, die Pasta und den Käse wechselweise in eine Terrine oder direkt auf die Teller verteilen und zum Schluß die Salbeibutter zugießen.
Bei Tisch frisch gemahlenen Pfeffer darübergeben.

Manche schichten alles lagenweise in eine feuerfeste Form und schieben es für einige Minuten zum Überbacken in den Ofen.

Pappardelle alla lepre

Breite Bandnudeln mit Hasensoße

Diese Spezialität aus der Toskana ißt man besonders gut in Arezzo.
Sie müssen sich nicht exakt an das Rezept halten, da es vorschreibt, auch etwas von dem Blut zu verwenden; dies aber würde bedeuten, daß Sie unbedingt einen frisch geschossenen Hasen haben müßten.
Wem das Hasenfleisch zu streng schmeckt, der kann es zuvor in eine Beize legen.
Besonders gut wird die Soße, wenn Sie alle Innereien (auch die Nieren) mitverwenden.
Ganz wichtig ist, wie die Pasta serviert wird. Sie soll nicht einfach nur mit ein wenig Soße vermischt werden – sie muß vielmehr darin schwimmen. Und viele legen sogar ganze Stücke vom Hasen obenauf.

Für den Teig:
500 g Weizenmehl (Type 405)
4 Eier
Salz
½ Tasse Milch

Für die Soße:
1 zerlegter Hase
(mit Innereien und Blut)
1 große Zwiebel
1 Wurst (grobe italienische salsiccia)
1 Karotte
1 Selleriestange
2 EL Kräuter (Thymian, Rosmarin, Petersilie)
2 Lorbeerblätter
Butter und Olivenöl
Fleischbrühe
3–4 frische Tomaten oder 1 kleine Dose Pelati
(ohne Flüssigkeit)
1 Glas Chianti
Salz und Pfeffer
Parmesan
nach Belieben eiskalte Butter

Aus den angegebenen Zutaten einen glatten Teig bereiten (siehe Seite 52, Fettuccine).
Nach der Ruhephase den Teig dünn ausrollen und in 6 Zentimeter breite und 12 Zentimeter lange Teigstücke schneiden. Mit Mehl bestreuen und auf Küchenhandtüchern mindestens 4 Stunden ruhen lassen.

Gereinigtes und kleingeschnittenes Gemüse zusammen mit den Kräutern in Butter und Öl anbraten, die zerkleinerte Wurst, die Innereien (nicht die Leber) und die Hasenstücke zufügen. Von allen Seiten anbraten. Mit Wein ablöschen, die Tomaten zugeben und zugedeckt bei 180 Grad im Backofen garen. Zwischendurch etwas Fleischbrühe und Wein nachgießen. Zum Schluß das Blut mit der restlichen Fleischbrühe mischen und zugießen. Die Soße durchpassieren oder mit dem Handmixstab pürieren. Abschmecken.

Die Pappardelle in reichlich Salzwasser al dente kochen, abschütten und mit der Soße und etwas Parmesan vermischen.
Sie können vorher eiskalte Butter in die Soße rühren oder auf den Nudelberg ein Stück Butter setzen.
Den Pfeffer darüber mahlen, mit der in etwas Butter sanft gebratenen Leber und einigen Fleischstücken anrichten. Die restliche Soße mit noch mehr Parmesan bei Tisch reichen.

Anstelle der Wurst können Sie auch ein Stück Pancetta nehmen und zur Pilzzeit eine Handvoll kleingeschnittener Steinpilze zugeben.
Der Pecorino ergänzt sich dann gut mit dem Parmesankäse.

Pasta al sugo d'anguilla
Pasta mit Aalsoße

Sie können zwischen einer selbstgemachten oder einer industriell hergestellten Pastasorte wählen. Am besten eignet sich eine lange flache, aber breitere Sorte: Lasagnette oder Tripoline, auch Margherite oder Reginette. Eine selbstgemachte Pasta sollte nur mit Hartweizenmehl und Wasser zubereitet werden.

450 g Pasta
2 kleine Aale oder 1 großer (300–350 g)
etwas Mehl
1 kleine Zwiebel
1 Karotte
1 Selleriestange
Olivenöl
300 g frische Tomaten
1 Glas Rotwein
1–2 Knoblauchzehen
1 Stück frischer Ingwer
Salz und Pfeffer
Basilikum und Petersilie
Sauerampfer und Salbei
Kresse zum Garnieren

Die Aale im Fischgeschäft vorbereiten lassen. Wer es zu Hause selbst machen möchte, muß zuerst den Aal häuten. Das geht am besten, indem man ein Tuch zu Hilfe nimmt und den Kopf damit festhält, um auf der schleimigen Haut nicht abzurutschen. Am Bauch aufschneiden und ausnehmen. Darauf achten, daß das gestockte Blut vollständig entfernt wird. Die Flossen und den Kopf abschneiden und ständig unter fließendem kaltem Wasser waschen. Der Länge nach halbieren und die Mittelknochen entfernen.(Der Aal gehört zur Gattung der Knochenfische und hat keine Gräten.) Eine Schüssel mit kaltem Essigwasser vorbereiten und den Aal in Stücke geteilt kurz darin liegenlassen.
Die Haut kochen, abgießen und den Sud aufbewahren.
Das Gemüse säubern, kleinschneiden und in Öl leicht anbraten.
Aalstücke aus dem Wasser nehmen, abtrocknen, mit Mehl bestäuben und zu dem Gemüse geben. Die Hitze erhöhen und nach 1 Minute mit dem Wein ablöschen.
Die Tomaten häuten, in Streifen schneiden und dabei die Kerne entfernen. Den Ingwer und Knoblauch fein hacken und zugeben; von den zerkleinerten Kräutern die Hälfte unterrühren und bei kleiner Flamme garen. Ab und zu etwas vom Sud zugießen.
Aalstücke herausnehmen, einen Teil zerkleinern oder breiig rühren und zusammen mit den größeren Stücken wieder zur Soße zurückschütten.
Die Nudeln al dente kochen und mit der Aalsoße vermischen. Vor dem Servieren die restlichen Kräuter überstreuen.

Spaghettini al salmone
Spaghettini mit Lachs

Sie können ersatzweise Tagliolini, Taglierini oder Vermicelli verwenden.

400 g Spaghettini
80 g frischer Lachs und 1 Bund Suppengemüse
200 g geräucherter Lachs
⅛ l süße Sahne
Salz
Pfeffer aus der Mühle
1 EL Butter

Den frischen Lachs kurz in Wasser mit dem zerkleinerten Suppengemüse pochieren.
Den geräucherten Lachs in feine Streifen schneiden.
Die Fischbrühe durchsieben und einige Minuten kochen. Die Sahne zugießen, etwas eindicken lassen und abschmecken.
Wasser kochen, salzen, die Pasta einlegen und darauf achten, daß sie al dente bleibt.
Wenn die Sahne leicht eingedickt ist, beide Lachssorten zugeben und die eiskalte Butter schnell einrühren. Die abgetropften Nudeln zugeben, kurz durchschwenken und mit frisch gemahlenem Pfeffer bestreut servieren.

Pasta ai peperoni
Pasta mit Paprikaschoten

400 g Maccheroncini oder Maccheroncelli
500 g rote und gelbe Paprika
500 g reife Tomaten
5 EL Olivenöl
2 Knoblauchzehen
Salz
1 Prise Zucker
1 EL Petersilie
Pfeffer oder Peperoncino
Pecorino

Die Paprikaschoten im Backofen von allen Seiten grillen, herausnehmen, sofort in eine Plastiktüte stecken und verschließen. Nach einigen Minuten läßt sich die Haut mühelos abziehen. Als Alternative können Sie die Schoten über der Gasflamme von allen Seiten rösten und unter fließendem Wasser die Haut abwaschen. Sie müssen dann gut abgetrocknet werden. Halbieren, entkernen und in feine Längsstreifen schneiden.

Reife bis überreife Tomaten lassen sich leicht schälen; harte Tomaten müssen Sie kurz in kochendes Wasser eintauchen, damit sie sich gut häuten lassen. In Streifen schneiden und dabei die Kerne entfernen.
Das Olivenöl erhitzen, den kleingeschnittenen Knoblauch darin gelb rösten, die Tomatenstreifen zugeben, salzen und die Prise Zucker überstreuen.
Einige Minuten köcheln und die Paprikastreifen dazurühren. Nur noch 2 Minuten ziehen lassen, da die Paprikaschoten durch das Grillen schon gar sind.
Zum Schluß die kleingeschnittene Petersilie zugeben, mit Pfeffer abschmecken und mit den al dente gekochten Nudeln sowie dem geriebenen Pecorino vermengen.

Eine ideale Ergänzung sind Kapern. Man kann sie grob zerdrücken und mit unterrühren.

Spaghetti aglio, olio e peperoncino

Spaghetti mit Olivenöl, Knoblauch und Pfefferschote

Auch Spaghettini, die dünnere Ausführung der Spaghetti, Linguine oder Vermicelli eignen sich sehr gut. Benutzen Sie bei diesem Rezept ein besonders gutes Olivenöl, das kräftig im Geschmack ist.

In Neapel sind es die Maccheroni aglio e *uoglio*, die manchem das Herz höher schlagen lassen. Es gibt eine wichtige Regel dort: Die Nudeln, meist Linguine oder Vermicelli, müssen im Mund »rutschen«, das heißt es wird reichlich Olivenöl verwendet, und sie müssen *richtig* al dente gekocht werden.

Spaghetti aglio e olio werden bei vielen süditalienischen Hochzeiten nach einem üppigen und ausgedehnten Festmahl um Mitternacht den Gästen als *sorpresa* serviert. Die Jungvermählten nutzen dann meist die Gelegenheit, sich still zu verabschieden.

Bei spontanen Einladungen, spät am Abend nach dem Kino oder dem Theater, aber auch nach einer langen Reise, wenn im Kühlschrank noch gähnende Leere herrscht, kocht man im Handumdrehen dieses Gericht, für das nur drei Lebensmittel nötig sind:
Pasta, gutes Olivenöl und Knoblauch, und die sind in jedem Haushalt immer vorhanden.

400–500 g Spaghetti
5–6 Knoblauchzehen
10 EL Olivenöl
1–2 Peperoncini, je nach Geschmack
2 EL gehackte Petersilie
Salz
Parmesan und Pecorino nach Wunsch

Die Nudeln in reichlich Salzwasser al dente kochen.
In der Zwischenzeit die Knoblauchzehen schälen, kleinhacken und im Öl erhitzen. Wer den Knoblauch nicht mitessen möchte, läßt die Zehen ganz, drückt sie aber leicht mit dem Handballen an und nimmt sie vor dem Anrichten heraus. Es hängt von Ihrem Geschmack ab, ob der Knoblauch gelb, hellbraun oder sogar dunkelbraun rösten soll. Wichtig ist, daß er nicht bitter schmeckt.
Peperoncino im Mörser zerreiben und zu dem Öl geben. Wer es weniger scharf mag, kratzt die Samen heraus, verwendet die Peperoncini unzerkleinert und entfernt sie vor dem Essen.
Die gehackte Petersilie zugeben und etwas von dem Nudelwasser einrühren.

Die Pasta al dente kochen, abschütten und sofort in eine vorgewärmte Schüssel oder auf Teller verteilen. Das Öl darübergießen und mit Holzgabeln unterheben. Wer auf den Käse nicht verzichten möchte, kann bei Tisch etwas davon überstreuen.

Besonders gut schmeckt diese Pasta, wenn das Öl nicht erhitzt wird. Man röstet Knoblauch, Petersilie und Peperoncino in wenig Öl, gibt etwas von dem Kochwasser zu und rührt es unter die Nudeln, damit sie feuchter sind. Zum Schluß gießt man intensiv schmeckendes, säurearmes Olivenöl aus der ersten Pressung darüber.

Bereiten Sie das Gericht nie mit Knoblauchpulver oder einer Knoblauchpaste zu, das verdirbt den Geschmack. Mit jungem Knoblauch und dessen zartem Grün schmecken die Nudeln nicht nur besser, sie sind auch leichter verdaulich. Ab Mai kommt er aus den Mittelmeerländern zu uns, und ab Juli ist heimische Ware auf dem Markt. Kaufen Sie sonst den mit der naturbelassenen bräunlichen oder lila Schale. Haben Sie nur eine ältere Knolle zur Hand, so schneiden Sie die »Seele« (den Keim) innen heraus, werfen sie ganz kurz in kochendes Wasser und schrecken sie in eiskaltem Wasser ab. Sehr scharfen Knoblauch kann man auch in Milch kochen.

VERLAUF
BRUCH
PASTA
DIE SCHNITTMUSTER ITALIENS
BOGEN A
© H. HUGENDUBEL VERLAG MÜNCHEN, GERMANY. SÄMTLICHE MODELLE STEHN NICHT UNTER URHEBER-SCHUTZ. GEWERBLICHES NACHARBEITEN ERLAUBT*
CH
A
SL
YU.
F
KANTE
I.
DOPPIO BESÄUMEN
2-2
FÜLLEN
AL FORNO
F.
WELLEN
IN FORM
FALTEN
GR.
GLATT
SCHNEIDEN
GR
B.2
TN.
ROLLEN
AUS STECHEN
4.
C.
GB
CM
5.94*

Maccheroni con funghi e porri
Maccheroni mit Pilzen und Lauch

Auch Rigatoni oder kurze Fusilli, Farfalle oder Spaccatelle eignen sich für diese Soße.

400 g Maccheroni
1 Zwiebel
2 Knoblauchzehen
Olivenöl
3 Lauchstangen
roter Pfeffer
250 g Steinpilze (aber auch jede andere Pilzsorte)
200 g süße Sahne oder
3 EL Mascarpone oder
1 kleiner Becher Crème fraîche
Parmesan
1 EL gehackte Petersilie
Salz und Pfeffer
nach Belieben Muskatnuß

Zwiebel und Knoblauch hacken und beides im Olivenöl goldgelb werden lassen.
Den Lauch gut waschen (das Grüne nicht verwenden), in feine Ringe schneiden und mit dem roten Pfeffer zugeben. Einige Minuten dünsten.
Die Pilze verlesen, säubern, nur wenn unbedingt nötig waschen, fein hobeln und dazurühren. Nicht madige Röhren können mitverwendet werden. Die Soße bei kleiner Hitze köcheln. Danach salzen.
Die Maccheroni al dente kochen.
Inzwischen die Sahne (Mascarpone oder Crème fraîche) bei starker Hitze in die Soße rühren, mit der abgetropften Pasta vermengen, etwas von dem Parmesan zugeben und die Petersilie überstreuen. Mehrmals kräftig schütteln, in eine vorgewärmte Schüssel umfüllen. Bei Tisch den restlichen Käse und frisch gemahlenen Pfeffer reichen.

Bucatini con i carciofi
Bucatini mit Artischocken

Perciatelli, Mezzani oder Spaghettoni können ebenfalls für dieses Gericht verwendet werden.

500 g Bucatini
7 Artischocken
Zitronensaft, Mehl
2 Knoblauchzehen
10 EL Olivenöl
Salz und Pfeffer
etwas Wasser oder Fleischbrühe
2 EL gehackte Petersilie

In eine Schüssel kaltes Wasser, Zitronensaft und 1 Handvoll Mehl geben.
Die Artischocken waschen, die Stiele abschneiden, äußere Blätter entfernen und bis zur Hälfte kürzen, halbieren und in das vorbereitete Wasser legen.
Den Knoblauch schälen, kleinhacken oder durchpressen und im Öl anbraten. Sobald er eine hellbraune Farbe angenommen hat, den Topf vom Feuer nehmen.
Die Artischockenhälften abtrocknen, in Scheiben schneiden, zum Knoblauch geben und einige Minuten anbräunen. Hitze reduzieren, salzen und pfeffern und weitere 30 Minuten langsam gar dünsten. Etwas Wasser oder Fleischbrühe zugießen.
In der Zwischenzeit Wasser zum Kochen bringen, salzen, die Pasta einlegen und nach der Hälfte der Garzeit abschütten. (Etwas Kochwasser auffangen.) Zu den Artischocken geben, nach und nach etwas vom Kochwasser zuschütten und zu Ende garen.
Zum Schluß die Petersilie zurühren und sofort servieren.

Man kann schwarze Olivenpaste oder zerkleinerte Oliven, Kapern und Sardellen als Geschmacksvariante zugeben.

Pasta con le sarde

Pasta mit Sardinen

Man nennt dieses sizilianische Nationalgericht Pasta con le sarde, obwohl es geschmacklich auf den wildwachsenden Bergfenchel ankommt. Überall auf der Insel wird dieses Rezept zubereitet, doch die Palermitaner besitzen ihr eigenes.
Bei uns ist es nicht leicht, wenn gar unmöglich, den wilden Fenchel zu finden. Man kann ersatzweise junge Fenchelknollen mit viel Grün (auch etwas von den Dilldolden) verwenden oder man bringt sich von einer Reise Konserven mit und ergänzt sie mit frischen Zutaten.

Als Pastasorte eignen sich Bucatini, Spaghettoni, aber auch die kurzen Sorten wie Rigatoni oder Maccheroncini.

400 g Rigatoni
500 g Sardellen
500 g junge Fenchelknollen mit viel Grün
oder 6 Bund wilder Fenchel
4 Anchovis
1 große Zwiebel
Olivenöl
30 g geröstete Pinienkerne
70 g geröstete Mandelsplitter
40 g eingeweichte Korinthen
2 Tütchen Safran
70 g geröstete Brotkrumen
Salz und Pfeffer

Frische Sardellen aufschneiden, ausnehmen, Schwanz, Kopf und Gräten entfernen, abwaschen und zum Abtropfen auf Küchenkrepp legen.
Die gesäuberten Fenchelknollen mit dem grünen Kraut in Salzwasser kochen, mit der Schöpfkelle herausnehmen, abtropfen lassen und kleinschneiden. In diesem Wasser wird später die Pasta gekocht.
Die Anchovis mit einer Gabel zerdrücken; die Zwiebel in Würfel schneiden.

Olivenöl in einem Topf erhitzen, die Zwiebelwürfel darin glasig rösten, die Pinien und Mandeln zufügen und weiterrösten. Die Korinthen und zum Schluß die Anchovis dazurühren. Den Safran in wenig lauwarmem Wasser auflösen und zugeben. Abschmecken und vom Herd nehmen.
4 Sardellen beiseite legen, die restlichen im Öl in der Pfanne braten und auf ein Küchenkrepp legen. In diese Pfanne den Fenchel sowie die 4 rohen Sardellen geben und mit einem Holzlöffel verrühren.
Die Pasta im Fenchelwasser sehr bißfest kochen, abschütten und mit 1 Eßlöffel Zwiebeln und etwas von dem Fenchel vermengen.
In eine ausgeölte und mit Bröseln ausgestreute Auflaufform ein Drittel der Nudeln geben und abwechselnd mit den restlichen Zwiebeln, dem Fenchel und den Sardellen einschichten. Als letzte Lage einige Sardellen legen und alles mit den Brotkrumen bestreuen.
Im vorgeheizten Backofen 10 Minuten überbakken. Die Pasta kann heiß, aber auch abgekühlt gegessen werden.

Wer die Pasta nicht überbacken will, sollte sie mit sehr festem Biß kochen und in einer vorgewärmten großen Suppenschüssel vor dem Essen gar ziehen lassen.

CM
5.94*

PASTA
AUS DER TÜTE
VORRÄTIG, PRAKTISCH, BEQUEHM.
"DER SCHNELLE MITTAGSTISCH"
(LA PASTA VELOCE - FAST FOOD Á LA ITALIANA)

Taglierini con asparagi verdi

Taglierini mit grünem Spargel

Linguine, aber auch Spaghetti können Sie ebenfalls verwenden.
Wer lieber seine eigene Pasta ißt, kann sie sich nach dem Rezept der Fettuccine (Seite 52) herstellen.

400–500 g Taglierini
1 kg grüner Spargel
Salz und Zucker
50 g Pancetta (Bauchspeck)
2 Schalotten
Olivenöl und Butter
2 EL herber Weißwein
2 große Tomaten
1 EL gehackte Petersilie
einige Basilikumblätter
Pfeffer aus der Mühle
Parmesan oder Pecorino

Von den gewaschenen Spargeln die Köpfe abschneiden. Den brauchbaren Rest in Salzwasser (mit einer Prise Zucker) garen und pürieren.
Pancetta und Schalotten würfeln und in etwas Öl anbraten. Mit Wein ablöschen, die Spargelcreme dazurühren und abschmecken.
Die Tomaten häuten, halbieren, die Kerne entfernen und in schmale Streifen schneiden.
Die Spargelspitzen in etwas Öl und Butter leicht anbraten, die Tomatenstreifen zugeben und die Petersilie unterrühren.
Einige Minuten köcheln lassen und mit den pürierten Spargeln vermengen.

Die Taglierini in reichlich sprudelndes Salzwasser legen, aufkochen lassen und die Hitze zurückschalten. Bei frisch zubereiteten Eiernudeln beträgt die Garzeit 2–3 Minuten. Im Gegensatz zur Pasta secca darf kein weißer Punkt mehr zu sehen sein. Abschütten, etwas von dem Nudelwasser aufbewahren.
In einer vorgewärmten Schüssel mit den Spargelköpfen und der Spargelcreme, dem kleingerupften Basilikum und etwas Käse vermischen, mehrmals gut durchschütteln und eventuell etwas vom Nudelwasser hinzugeben. Bei Tisch nach Wunsch mehr Parmesan reichen.

Fusilli con la salsiccia

Fusilli mit Schweinswurst

400 g Fusilli
200 g Schweinswurst
50 g kleingewürfelte Pancetta
Olivenöl
2 kleingewürfelte Auberginen
1–2 große Knoblauchzehen
4 große Tomaten
1 EL gehackte Petersilie
Salz und Pfeffer
Parmesan oder Pecorino

Die Schweinswurst mit einer Gabel zerdrücken und in einem Topf mit der Pancetta in Öl anbraten. Nach einigen Minuten die Auberginen zugeben und weiterbraten.
Die Knoblauchzehen hacken, die Tomaten häuten, die Kerne entfernen und in Würfel schneiden.
Beides in den Topf zu der Wurst und den Auberginen geben und bei kleiner Hitze 20 Minuten garen. Danach die Petersilie zugeben.
Die Fusilli in Salzwasser kochen und mit der Soße vermischen.
Bei Bedarf geriebenen Käse dazu servieren.

PASTA
KOCHEN:
"AL DENTE"
CM
5.'94

Pansoti con salsa di noci

Gefüllte Teigtaschen mit Nußsoße

Eine ligurische Spezialität, die besonders gut um Genua und an der Riviera di Levante zubereitet wird.
Panciuti sind dickbäuchige Nudeln – was sich besonders auf den Inhalt der Teigtaschen bezieht – die meist dreieckig, aber auch rund oder quadratisch und sogar halbmondförmig hergestellt werden.
Preboggion oder *prebugiun*, das Kräuterbündel für die Füllung, ist in seiner traditionellen Zusammensetzung so nur in Genua und auf den Märkten der angrenzenden Orte zu finden. Je nach Jahreszeit beinhaltet es andere, vor allem wildwachsende Gemüse, Salate und Kräuter.
Dazu gehören *la gaggia*, eine Art Frühwirsing, *la borrana o borragina* (Borretsch), *geè* (ein wildwachsender kleiner Blattsalat), junger Mangold und grüner Radicchio, beide wildwachsend, Pimpinelle und Kerbel, *la cicerbita*, die Gänsedistel und der wildwachsende Löwenzahn sowie Basilikum.

Der Teig wird mit Mehl, Wasser, Weißwein und Salz bereitet.

Klassisch ist die Art des Anrichtens der Pansoti. Unverzichtbar dabei ist eine *salsa di noci*, eine Nußsoße, die früher mit sehr viel mehr Knoblauch zubereitet wurde.

Bei uns kann man die Füllung für Pansoti mit folgenden Kräutern und Gemüsen zubereiten: junger Löwenzahn, junger Mangold ohne Stiele, Kresse, viel Borretsch, Sauerampfer, Basilikum, Kerbel, Pimpinelle, einige Blätter von grünem Salat.

Für die Füllung:
700 g Borretsch und Salatblätter, z. B. Eskariol
500 g Kräutermischung
1 EL Butter
500 g Ricotta
50 g Parmesan
2 Eier
Knoblauch
Salz und Pfeffer
Muskatnuß

Für den Teig:
400 g Weizenmehl (Type 405)
120 ml Wasser
10 ml Weißwein
Salz

Für die Soße:
500 g Walnüsse oder
400 g Walnüsse und
60 g Pinienkerne
50 g zerbröseltes Brot
1 Tasse Milch
½ Knoblauchzehe
100 g Sauermilch (prescinsôea) oder
100 g ganz frischer Ricotta
3 EL ligurisches Olivenöl
frische Majoranblättchen je nach Geschmack
Salz
Butter nach Wunsch
Parmesan

Salat und Kräuter waschen, 3 Minuten in Salzwasser kochen und kalt abschrecken. Abtropfen lassen, gut ausdrücken und sehr fein hacken. Besonders zart wird die Füllung, wenn man die Kräuter kurz in der Pfanne in etwas Butter schwenkt. Ricotta und den geriebenen Parmesan, die Eier und den kleingehackten Knoblauch zugeben und daraus eine homogene Füllung bereiten. (Sie soll weich sein, darf jedoch nicht an den Fingern kleben.) Mit Salz, frisch geriebener Muskatnuß und Pfeffer abschmecken. Bis zur Weiterverarbeitung kühl stellen.

Aus den angegebenen Zutaten einen glatten, festen Teig bereiten und 8–10 Minuten kneten. Sehr dünn ausrollen und 7 Zentimeter breite Teigbahnen schneiden. Kleine Bällchen von der Füllung verteilen, die Ränder mit etwas Wasser anfeuchten und mit einer Teigbahn belegen. Mit dem Finger leicht andrücken und die gewünschte Form ausstechen oder mit einem Teigrädchen ausschneiden.
Die Pansoti auf ein mit Grieß oder Mehl bestreutes Küchentuch legen, kühl stellen und einige Stunden ruhen lassen.

In dieser Zeit kann man die Nußsoße herstellen. Die Walnüsse aufschlagen, Kerne herausnehmen und kurz in kochendes Wasser legen, damit sich die dünne Schale besser entfernen läßt.

Das zerbröselte Brot in der Milch einweichen und ausdrücken.
Die geschälten Nüsse und Pinienkerne, das Brot und den Knoblauch in einem Mörser zerstoßen. (Wer einen Mixer benutzt, muß darauf achten, daß die breiige Masse nicht heiß wird, da dies den Geschmack beeinträchtigt.)
Die Sauermilch oder den Ricotta sowie das Olivenöl zurühren.
Je nach Geschmack können Sie frische Majoranblättchen dazugeben.
Die Pansoti in ausreichend Salzwasser kochen, kurz abtropfen lassen und mit der Soße anrichten.

Viele geben die Pansoti dann noch in eine Pfanne und schwenken sie in Butter und Parmesan. Doch es reicht aus, auf die heißen Pansoti Butterflöckchen zu setzen, die Nußsoße darüberzuschütten und zum Schluß mit reichlich Parmesan zu bestreuen.
Vor dem Servieren mehrmals vorsichtig durchschwenken.

Pasta con la ricotta fresca

Pasta mit frischem Ricotta

Am besten eignet sich eine kurze Pastasorte: zum Beispiel Ditali, Bruschi, mezze Penne, Sorprese, Genovesi lisci oder Cavatappi.

Die erste Variation ist sehr schnell zubereitet, doch sollte man ganz frischen Ricottakäse verwenden.

400 g Pasta
200 g frischer Ricotta
1 Handvoll geriebener Pecorino
Salz und Pfeffer

Wasser zum Kochen bringen, salzen und die Pasta einschütten.
In einer kleinen Schüssel den Ricotta verrühren und mit etwas Nudelwasser vermengen. Die Pasta abschütten, in einer vorgewärmten Schüssel mit beiden Käsesorten gut vermischen. Bei Tisch mit frisch gemahlenem Pfeffer und noch mehr Pecorino überstreuen.

Variation:

400 g Pasta
Olivenöl
1 Knoblauchzehe
400 g geschälte, in Streifen geschnittene Tomaten
1 EL gehacktes Basilikum
Salz und Pfeffer
300 g Ricotta
Parmesan

Das Öl erhitzen, den zerkleinerten Knoblauch, die Tomaten und das Basilikum zugeben und 10 Minuten kochen lassen. Abschmecken.
Ausreichend Wasser zum Kochen bringen, salzen, die Pasta hineinschütten und al dente kochen.
Den Ricotta mit einer Gabel zerdrücken und mit etwas Kochwasser verdünnen. Die Pasta abschütten, in einer vorgewärmten Schüssel mit der eingedickten Tomatensoße und dem Ricotta vermengen. Gegebenenfalls noch etwas Kochwasser zurühren und bei Tisch mit Pfeffer und Parmesan reichen.

Pasta e fagioli

Pasta und Bohnen

Kurze, gemischte Pasta, die Pasta mista corta, Tubetti, Ditali, aber auch lange Pastasorten, die zerbrochen werden, eignen sich für diese dicke Bohnensuppe, von der es in fast jeder Region Italiens eine andere Version gibt.
In Neapel, Kalabrien und Sizilien gibt es sogar einen Ausdruck für die Pasta in der Bohnensuppe. Man nennt sie *munnezzaglia* – das sind die Reste aus verschiedenen Pastatüten.

200 g Pasta mista corta
200 g frische Bohnen (borlotti)
Olivenöl
2 dicke Knoblauchzehen
1 Speckschwarte
1 kleines Stück Bauchspeck
1 Karotte
1 Selleriestange
etwas Mehl
2 EL Tomatenpüree oder
1 kleine Dose Tomaten (Pelati)
2 Lorbeerblätter
Knochenbrühe
Petersilie
Salz
Pfeffer oder 1 Peperoncino
nach Belieben Parmesan

Die frischen Bohnen ohne Salz in 2 Liter Wasser kochen.
4 Eßlöffel Olivenöl in einem Topf erhitzen. Den Knoblauch darin goldgelb anbraten. (Ganze Zehen, um ihn dann zu entfernen, oder kleingehackt, wenn er in der Suppe bleibt.)
Die Speckschwarte zugeben und den kleingewürfelten Speck etwas ausbraten.
Die Karotte und Selleriestange kleinschneiden, einige Minuten mit dünsten.

Das Mehl darüber stäuben und kräftig mit einem Holzlöffel rühren. Danach das Tomatenpüree (oder die Pelati) und die Lorbeerblätter zugeben, mit zwei Schöpflöffeln Knochenbrühe oder dem Bohnenwasser verrühren und aufkochen lassen. Alles zu den Bohnen schütten, salzen und langsam köcheln lassen. Die Pasta zugeben und garen.

Zum Schluß die fein gehackte Petersilie und den frisch gemahlenen Pfeffer und nach Belieben 2 Eßlöffel geriebenen Parmesan unterrühren.

Frischer Oregano kann als Ergänzung zur Petersilie mitverwendet werden.

Ich habe den Geschmack von Rosmarin gern und deshalb die folgende Variation ausprobiert:
Von 2 Rosmarinzweigen streife ich die Nadeln ab und hacke sie zusammen mit einem Bund großblättriger Petersilie fein. In einem Mörser bereite ich ein Pesto aus grobem Meersalz, grobem Pfeffer, dem vorgehackten Rosmarin und der Petersilie. Wer den Geschmack von Knoblauch gern hat, kann 2 Zehen dazugeben. Alles zusammen stoße ich einige Minuten fein und rühre dann gutes Olivenöl dazu.
Dieses Pesto schütte ich, wenn die Pasta gar ist, in die Suppe und lasse sie etwa 10 Minuten ruhen, bis sich eine leichte Haut an der Oberfläche gebildet hat.
Ich serviere keinen Parmesan dazu, dafür aber noch einige Tropfen eines besonders guten Olivenöls.

Es gibt noch eine zweite Rezeptvariante:

250 g Tagliatelle
250 g frische, weiße Bohnen
125 g getrocknete Wurst (salsiccia)
1 oder 2 Schweinsknochen
1 Stück Speckschwarte
1 großes Bund Petersilie
75 g Speck
Pfeffer

In 2 ½ Liter Wasser die Bohnen sehr langsam bei kleiner Hitze kochen.
Die Speckschwarte, Knochen, Wurst und den mit der Petersilie zusammengebundenen Speck hineingeben, wenn die Bohnen halbgar sind. Pfeffern und salzen und noch weiter köcheln lassen.
Die Hälfte der Bohnen pürieren oder durch ein Sieb streichen und zurückschütten.

Die Knochen abschaben und die Fleischstückchen zu den Bohnen geben. Die Speckschwarte in Streifen schneiden und nach Wunsch bei Tisch separat servieren oder wieder in die Suppe geben. Den Speck mit der Petersilie entfernen.
Eventuell noch ein wenig heißes Wasser oder Knochenbrühe zuschütten. Danach die Hitze erhöhen, die Pasta zugeben, einige Male umrühren und gar kochen.
Zum Schluß vorsichtig salzen.

Vom Feuer nehmen und vor dem Servieren etwa 7 Minuten abgedeckt ruhen lassen.
Bei Tisch sollte man mit Olivenöl und reichlich frisch geriebenem Pfeffer verfeinern. Parmesan ist Geschmackssache. Ich bevorzuge die Suppe ohne den Käse.

Ich habe Pasta e fagioli im Herbst mit den frischen weißen Bohnen aus der Nähe von Feltre zubereitet. Sie haben eine sehr dünne Schale, sind mehlig und eignen sich besonders gut für diese Suppe. Man kann natürlich auch die getrockneten Bohnenkerne benutzen, muß sie jedoch einige Stunden oder über Nacht in kaltem Wasser einweichen. Wer die Tagliatelle selbst herstellen will, sollte sie ohne Eier, nur mit Hartweizenmehl, etwas Weizengrieß und Wasser bereiten.
Im Veneto bevorzugt man diese Pastasorte, doch aus Zeitgründen verwenden viele auch industriell hergestellte Pasta.
Die Schwarte kann in feine Streifen geschnitten und dazu gegessen werden. Die Wurst und auch die Knochen können durch einen Schweinsfuß ersetzt werden, die Schwarte allerdings gehört unbedingt dazu.

Pasta ai cinque formaggi

Pasta mit fünf Käsesorten

Je nach Region verwenden die Italiener ihre heimischen Käsesorten wie Provolone, auch leicht geräucherten Caciocavallo, Mozzarella oder die sardischen Hartkäse, den Toma oder Sbrinz.
Es eignen sich alle kurzen Pastasorten, Rigatoni, Magliette, Penne und mezze Penne, Farfalle und Cavatappi, Spaccatelle und Maccheroncelli.

400 g Maccheroncini
je 50 g Fontina, Greyerzer,
Emmentaler, Ricotta und Gorgonzola
100 g Butter
etwas Sahne oder Milch
1 EL fein gehackte Petersilie
geriebener Parmesan oder Pecorino
Salz, Pfeffer

Die harten Käsesorten reiben, die weichen mit einer Gabel zerdrücken.
In reichlich Salzwasser die Maccheroncini al dente kochen.
Zwischenzeitlich die Butter erhitzen, die Käsesorten darin verrühren und etwas Sahne oder Milch zugeben.
Die Pasta abschütten und kurz abtropfen lassen. Bevor man sie mit der Käsesoße vermengt, etwas von dem Kochwasser einrühren, abschmecken und einige Male kräftig schlagen. Den Parmesan und die Petersilie unterziehen. Bei Tisch den frisch gemahlenen Pfeffer darüberstreuen.

Für besonders Eilige gibt es eine schnelle Zubereitung: nur Hartkäse verwenden und reiben, mit frischen Kräutern vermischen und unter die gekochte, noch recht nasse Pasta ziehen, flüssige Butter darüberschütten und pfeffern.

Pesto alla genovese

Pesto auf Genueser Art

Italienische Lebensmittelgeschäfte bieten ihre selbstgemachte Basilikumsoße fast das ganze Jahr hindurch an, da sie frisches Basilikum über den Großmarkt beziehen, und so ist Pesto mittlerweile auch bei uns bekannt. Wer Basilikum in den Sommermonaten auf seinem Balkon und im Garten zieht, kann sich diese köstliche Soße selbst bereiten. Dazu benutzt man am besten einen großen Mörser. Der Arbeitsaufwand im Vergleich zum Hacken oder Wiegen ist nicht sehr viel größer.
In vielen italienischen Haushalten wird ein elektrischer Mixer benutzt. Doch muß man sehr darauf achten, daß die Basilikumblätter nicht zu matschig und, durch die vielen Umdrehungen, warm werden.

Die Ligurer, die das Pesto nicht nur als Soße für die Pasta, sondern auch in der Minestrone verwenden, stellen es her, wenn die Basilikumpflanzen in voller Blüte stehen. Als Geheimtip gilt auch, nur die kleinblättrige Sorte zu benutzen.

40–60 Basilikumblätter oder
3 Bund Basilikum
1 Handvoll Pinienkerne
2–4 Knoblauchzehen
4 EL geriebener Pecorino
4 EL geriebener Parmesan
grobes Meersalz und Pfeffer
125 g Olivenöl

Die von den Stielen abgezupften, gewaschenen und vorsichtig getrockneten Basilikumblätter mit der Hand grob rupfen und in den Mörser geben. Die Pinienkerne in einer Pfanne leicht rösten und dazu schütten. Grobes Meersalz darüberstreuen, damit die grüne Farbe erhalten bleibt. Nun beginnt man, mit dem Stößel den Inhalt des Mörsers gegen die Seitenwände zu stoßen.
Danach je 1 Eßlöffel des geriebenen Käses und die grob zerkleinerten Knoblauchzehen hinzufügen. Weiterstoßen wie zuvor. Nach und nach den restlichen Käse und etwas von dem Olivenöl einrühren. Jetzt sollte das Pesto dickbreiig sein.
Wenn Ihr Mörser nicht das restliche Öl aufnehmen kann, schütten Sie die Soße in eine Schüssel um.
Vor dem Servieren mit Salz und Pfeffer abschmekken; und immer einige Eßlöffel des Nudelwassers hinzufügen.

Das Pesto hält sich einige Tage im Kühlschrank. Füllen Sie es in ein Schraubglas um, bedecken es mit Olivenöl und bewahren es gut verschlossen im Kühlschrank auf.

Wenn Sie größere Mengen Pesto auf Vorrat zubereiten möchten, empfehle ich Ihnen, weniger Käse und nur eine oder auch gar keine Knoblauchzehe zu verwenden. Bevor Sie dann das Pesto anrichten, zerstoßen Sie die frischen Zehen und rühren sie dazu.

PASTA
COLARE LA PASTA
(ABTROPFEN LASSEN)
WER WENIGER ZEIT HAT,
NIMMT EIN SIEB...)
CM
'94

Trofie con pesto e fagiolini

Trofie mit Pesto und grünen Bohnen

Trofie ist eine kleine schraubenartige, selbstgemachte Pastasorte aus Ligurien.

Für den Teig:
350 g Mehl (Type 405)
1 Handvoll Kleie oder Kastanienmehl
Wasser und Salz

1 Handvoll grüne Bohnen
2 festkochende Kartoffeln
Pesto
Salz und Pfeffer
Pecorino und Parmesan

Das Mehl auf ein Holzbrett geben, etwas Salz darüberstreuen und so viel Wasser einarbeiten, bis ein geschmeidiger bis fester Teig entsteht.
Danach einige Minuten gut durchkneten und etwa ¼ Stunde zugedeckt kühl stellen.
Den Teig in kleinere Stücke schneiden. Das Brett gut bemehlen und mit der Handfläche lange dünne Schlangen formen. Davon kichererbsengroße Gnocchi abschneiden, flachrollen und mit einem Holzstäbchen oder einer Stricknadel die 3–4 Zentimeter langen, an beiden Enden zugespitzten Teigstücke aufwickeln. Dadurch entsteht die wellen- bzw. schraubenförmige Pastaform.

Leicht bemehlen und vor der Weiterverarbeitung ½ Stunde ruhen lassen.

Die Kartoffeln schälen und kleinwürfeln.
Die grünen Bohnen putzen und beides in einem großen Topf in ausreichend Salzwasser 12 Minuten kochen.
Die Pasta zugeben und weitere 3–4 Minuten mitkochen.

In einer Schüssel 4 Eßlöffel von dem Pesto mit etwas Kochwasser verrühren. Die Trofie, Kartoffeln und Bohnen abschütten, zu dem Pesto geben und noch etwas davon hinzufügen. Mit frisch gemahlenem Pfeffer und den geriebenen Käsesorten bestreuen.

In manchen Gegenden Liguriens nimmt man anstatt der grünen die dicken weißen Bohnenkerne. In der Gegend um Pigna gibt es eine Bohnensorte, die aufgrund der Bodenbeschaffenheit keine harte Schale besitzt und sich deshalb besonders gut für dieses Rezept eignet. Allerdings müssen die Bohnen vorgekocht werden. Für 4 Personen rechnet man etwa 100 Gramm Bohnen.

Ligurische Frauen, die regelmäßig Pasta herstellen, bereiten die Trofie nur mit den Händen zu. Und auch Sie werden bald auf Holzstäbchen oder Nadel verzichten können. Nicht zu verachten sind allerdings auch die industriell hergestellten Trofie.

Trenette col pesto alla genovese
Trenette mit Genueser Basilikumsoße

Es können ersatzweise Linguine verwendet werden.

400 g Trenette
4 kleine neue oder
2 dicke Kartoffeln
Pesto nach Geschmack, pro Person mindestens
1 gehäufter EL
Salz und Pfeffer
etwas Parmesan oder Pecorino

Die Kartoffeln schälen und in kleine Würfel schneiden.
Wasser zum Kochen bringen, salzen und die Kartoffeln darin 7 Minuten vorkochen. Danach die Pasta zugeben und so lange weiterkochen, bis sie al dente sind.
In einer Schüssel 3 Eßlöffel von dem fertigen Pesto mit etwas Kochwasser verrühren. Die Pasta beim Abschütten nicht abtropfen lassen, sofort zu dem Pesto geben und mit etwas Käse und gemahlenem Pfeffer bestreuen. Noch etwas von dem Pesto dazugeben und gut vermischen. Sofort servieren.

Ergänzen kann man dieses Gericht mit grünen Bohnen, die zuvor gegart, warm gehalten und mit der Pasta, den Kartoffeln und dem Pesto vermischt werden.

Garganelli ai pinoli e rosmarino
Garganelli mit Pinienkernen und Rosmarin

350–400 g Garganelli oder Penne
100 g leicht geräucherter Ricotta
4–5 EL Parmesan
2 Rosmarinzweige
60 g Butter
2 EL Pinienkerne
Salz
frisch gemahlener weißer Pfeffer

Den reifen Ricottakäse zerbröckeln oder mit dem Parmesan reiben.
Die Rosmarinnadeln abstreifen und die Hälfte davon sehr fein hacken.
In einer ausreichend großen Pfanne die Butter schmelzen.
Die Pinienkerne zusammen mit den Rosmarinnadeln und dem Kleingehackten darin anbräunen und einige Minuten ziehen lassen.

Die Pasta al dente kochen, abschütten und in die Pfanne geben.
Einige Male kräftig durchschwenken.
Den Parmesan unterheben und zum Schluß den Ricotta und den frisch gemahlenen Pfeffer hinzugeben, kurz umrühren und sofort servieren.

PASTA

CONDIMENTO:

PASTA WILL SOSSE!

(OBACHT:
L'ALCOOL LA FA
"SALTARE
IN PADELLA"!)

CM°
5.94 *

JA JA, DER CHIANTI-WEIN...

Pasta-Spezialitäten einiger Restaurants

Vier Spezialitäten von Livia und Alfonso Iaccarino aus dem Restaurant »Don Alfonso 1890« in S. Agata sui Due Golfi bei Neapel

Während meines letzten Besuchs bei Livia und Alfonso im September 1994 konnte ich nicht nur den einmaligen Weinkeller und das landwirtschaftliche Gut, die *Azienda agricola* »Le Peracciole« besichtigen, sondern Alfonso und seinen Köchen über die Schulter schauen und viele ihrer Gerichte probieren. Ich habe mich in Vorbereitung auf dieses Buch hauptsächlich mit den Pastarezepten beschäftigt und vier von ihnen ausgesucht, die einfach und gut nachzukochen sind.
Die Zutaten stammen alle aus der eigenen Produktion und werden allmorgendlich vom Bauern, der auf dem Gut arbeitet, gebracht. Die Fische aus dem Mittelmeer sind in unseren Breitengraden manchmal schwer erhältlich, deshalb habe ich jeweils Alternativen angegeben.

Tagliolini con agrumi e gamberetti
Tagliolini mit Zitrusfrüchten und Garnelen

400 g frische Tagliolini
200 g frische Garnelen
80 g Olivenöl extra vergine
Schale von 2 ungespritzten Orangen
Schale von 2 ungespritzten Zitronen
Salz

Sie können die Garnelen schon geschält vom Fischhändler kaufen. Ist dies nicht der Fall, müssen sie sachgemäß ausgeschält und vom Darm befreit werden. Kurz unter fließendem Wasser abspülen.
Alle Garnelen mit dem Olivenöl einige Minuten in einer Pfanne ziehen lassen.

Die Pasta al dente kochen, abschütten und zu den Garnelen geben.

Die in sehr feine Streifen geschnittene Orangen- und Zitronenschale (Julienne) unterheben, mehrmals durchschwenken.
Sofort servieren.

Fusilli di Gragnano con pesce azzurro, peperoncini verdi e origano
Fusilli aus Gragnano mit Blaufisch, grünen Peperoncini und Oregano

Alfonso läßt sich die Fusilli aus Gragnano bringen. Dort gibt es noch vier Familien, die sie nach alter Tradition in Heimarbeit herstellen. Den dafür so wichtigen Hartweizen *(grano duro)* erhalten die Frauen von Antonio Marchetti, dem Präsidenten aller dort ansässigen Pastafabriken. Morgens frisch zubereitet, werden die Fusilli abends im Restaurant von Livia und Alfonso den Gästen serviert.

Man kann natürlich auch die gekauften Fusilli für dieses Gericht verwenden.
Als Alternative zum Blaufisch gibt es die Makrele *(sgombro)*, den Schwertfisch *(pescespada)*, den Hornhecht *(aguglie)* oder Sardellen.

400 g Fusilli
100 g grüne Peperoncini
2 Knoblauchzehen
8–10 EL Olivenöl extra vergine
150 g gesäuberter und in Würfel geschnittener Fisch
4 EL herber Weißwein
1 TL frischer Oregano
Salz

Die langen Peperoncini in sehr feine Streifen (Julienne) schneiden. Die Knoblauchzehen schälen, mit dem Handballen aufdrücken und in einer Pfanne im Öl anbraten, bis sie hellgelb sind.
Den gewürfelten Fisch hinzugeben und kurz erhitzen, einige Male schwenken.
Mit dem Weißwein ablöschen und verdunsten lassen. Die Peperoncini und den Oregano zugeben, die Knoblauchzehen entfernen.

Die Pasta al dente kochen, abschütten und mit der Soße gut vermischen. Sofort servieren.

Linguine alle vongole veraci e zucchine

Linguine mit Muscheln und Zucchini

300 g Linguine (auch Spaghetti oder Trenette)
4 mittelgroße Zucchini
1 Schalotte
10 EL Olivenöl extra vergine
1 Knoblauchzehe
500 g große Muscheln, gut gewaschen
1 gehäufter EL gehackte Petersilie
Salz
frisch gemahlener weißer Pfeffer

Die Zucchini waschen, abtrocknen und in Scheiben schneiden.
Die Schalotte ganz fein hacken oder pürieren. Die Hälfte des Öls in eine Auflaufform schütten, die Zucchinischeiben mit der Schalotte vermischen und in die Form schichten. Für etwa 15 Minuten bei mittlerer Hitze in den vorgeheizten Backofen schieben. (Die Zeitangabe reicht aus für junge Zucchini.)

Im restlichen Öl die Knoblauchzehe goldgelb rösten und herausnehmen.
Die sehr gründlich gewaschenen Muscheln zugeben und bei geschlossenem Deckel erhitzen. Sobald diese sich geöffnet haben, die Petersilie und die Zucchini zufügen. Einige Minuten ziehen lassen und vom Feuer nehmen. Ungeöffnete Muscheln wegwerfen.

Die Linguine in kochendes Salzwasser schütten. Kurz bevor sie gar sind, abgießen, naß zu den Muscheln und Zucchini geben und zu Ende garen. Mehrmals gut durchschütteln und sofort servieren. Gemahlener Pfeffer wird bei Tisch gereicht.

Paccheri di Gragnano al ragù di scorfano e peperoni

Paccheri aus Gragnano mit Fischragout und Paprika

400 g Paccheri (auch Tubettoni oder Rigatoni)
1 Scorfano, Drachenkopf (1 kg) oder
1 Knurr- oder Seehahn
2 junge Lauchstangen
10 EL Olivenöl extra vergine
150 ml Weißwein
1 kg kleine reife Tomaten
1 Paprikaschote
20 g Kerbel
Salz

Den Fisch säubern (den Kopf aufbewahren) und in 4 Filets aufteilen.
Den Lauch zerkleinern, pürieren und zusammen mit dem Fischkopf im Öl dünsten. Mit Weißwein begießen.
Die kleinen Tomaten vierteln und in einem ausreichend großen Topf 1 Stunde köcheln. Danach durchpassieren.
In der Zwischenzeit die Paprikaschote rösten und sie nach Entfernen der Haut und der Kerne kleinwürfeln.
Die Fischfilets in einer Pfanne zusammen mit den Paprikawürfeln, Lauch, Kerbel und der Tomatensoße etwa 10 Minuten garen.
Die Paccheri in ausreichend Salzwasser al dente kochen, abschütten und mit der Soße bedecken. Gut vermischen und auf vorgewärmte Teller verteilen. Zum Schluß je 1 Fischfilet darauflegen und sofort servieren.

PASTA
DIE PRÄSENTATI
Z.B.
ANRICHTE-
VORSCHLAG:
„DAS HAUPT
DER MEDUSE"
Á LA PUTANESC
5.94

Dieses Rezept stammt von Antonio Tecchia, einem jungen Koch aus Positano.

Bei der »Festa Dei Maccheroni«, die vom 1. bis 4. September 1994 in Gragnano bei Neapel stattfand, hat er damit den 1. Preis gewonnen.
Ich habe in der Jury gesessen und unter neun verschiedenen Pastagerichten dieses mit der höchsten Punktzahl bewertet. Besonders gefiel mir, daß Antonio Tecchia Wert darauf legte, bevorzugt Zutaten aus seiner Region, der Campania, zu verwenden, und die Pasta mit wenig Aufwand und Schnörkel in einem großen ausgehöhlten Kürbis servierte.

Spaghetti dei Monti Lattari

Spaghetti aus den Lattari-Bergen

Für 6 Personen

600 g Spaghetti
500 g kleine frische Tomaten
1 Zwiebel
3–4 EL Olivenöl
200 g neapolitanische Salami
½ Glas Rotwein
200 g Provolone (halbfest)
12 Zucchini- oder Kürbisblüten

Die Tomaten, wenn nötig, häuten, halbieren (nur bei einer größeren Sorte die Kerne entfernen) und in feine Streifen schneiden.
Die Zwiebel in dünne Scheiben schneiden und im Öl anbraten.
Die fein geschnittene Salami zugeben, den Wein übergießen und verdunsten lassen. Danach die Tomaten zugeben und 30 Minuten auf kleiner Flamme köcheln.
Die Pasta al dente kochen.
In der Zwischenzeit den Käse in sehr feine Streifen schneiden oder durch eine Presse drücken.
Die Zucchiniblüten grob zerhacken. Ersatzweise kann man auch die grüne Schale der Zucchini in feine Streifen (Julienne) schneiden.
Die Pasta mit dem Tomatensugo vermischen, den Käse zugeben und zum Schluß die rohen Zucchiniblüten, -streifen unterheben.

Bei der neapolitanischen Salami handelt es sich um eine weichere Qualität, die auch bei uns erhältlich ist.

Eine Kreation von Jean-Michel und Virginio aus dem vegetarischen Restaurant »Gauguin« in Florenz.

Ein Rezept, das in dieser interessanten Gewürzkombination großes Lob von den Gästen erntet.

Pasta del Pascia

Pasta des Paschas

400 g Pasta corta (eine kurze Pastasorte, wie Penne, Garganelli, Conchiglie oder Rigatoni)

Für die Soße:
1 große Aubergine
Knoblauch nach Geschmack
1 Zwiebel, grob gehackt
1 Bund glatte Petersilie
etwas frische Minze
600 g frische Tomaten (ersatzweise aus der Dose) oder
3 Schöpflöffel konzentriertes Tomatenfleisch (polpa)
Salz und Pfeffer
Saft von ½ Zitrone
1 Prise Zucker
frischer Koriander oder grüner Kumin
1 Glas toskanisches Olivenöl
Parmesan nach Wunsch

Die Aubergine rösten und die Haut abziehen, eventuell vorhandene Flüssigkeit ausdrücken und zusammen mit allen Zutaten im Mixer fein pürieren. (Die Petersilie ohne Stiele verwenden.)
Zum Schluß kaltgepreßtes toskanisches Olivenöl zurühren.
Die Pasta al dente kochen, abschütten und mit der Soße vermischen. Geriebenen Parmesan nach Wunsch dazu reichen.

Dieses Gericht kann sehr heiß, in den Sommermonaten aber auch abgekühlt gegessen werden.

Ein Rezept aus dem Restaurant »Del Bruxaboschi« in San Desiderio (Genua).

Ein Gericht, das ich im Sommer 1994 im Hinterland von Genua gegessen habe. Diese Pastasorte war mir bereits bekannt, und ich habe sie schon auf verschiedene Arten probiert, doch noch nie so »verrückt« und so gut wie im »Del Bruxabaschi«. Ich habe den Koch um sein Rezept gebeten und es auch für Sie ausprobiert.

Picagge matte al pesto
Verrückte Picagge mit Pesto

Picaggia *(fettuccia di cotone)* ist die Dialektbezeichnung für einen Schürzenzipfel. Und so sieht diese Pasta auch aus: etwas unregelmäßig geschnitten und etwa fingerlang.

Für den Teig:
225 g Weizenmehl (Type 405)
75 g Kastanienmehl
2 Eier
Salz
lauwarmes Wasser

Für das Pesto:
36 Basilikumblätter
3 Knoblauchzehen
150 g Pinienkerne
100 g Pecorino
200 ml ligurisches Olivenöl
grobes Meersalz

100 g frische Saubohnen (fave)
50 g Kartoffeln
nach Bedarf geriebener Parmesankäse

Aus den angegebenen Zutaten einen Teig bereiten und gegebenenfalls 1–2 Eßlöffel lauwarmes Wasser zufügen. (Wenn Sie kein Kastanienmehl zur Hand haben, nehmen Sie 300 Gramm Weizenmehl.)
Für mindestens ¼ Stunde muß der Teig gut zugedeckt ruhen.
Das Pesto in einem ausreichend großen Mörser zubereiten und kühl stellen.
In der Zwischenzeit die frischen Bohnen mit den kleingewürfelten Kartoffeln kochen.

Zum Ausrollen die Tischplatte von Teigresten säubern, bemehlen und zwei Küchenhandtücher bereitlegen. Den Teig dünn ausrollen und in 8 Zentimeter breite Bänder schneiden, einige aufeinanderlegen, zusammenrollen und mit einem Messer in 1 ½ Zentimeter breite Streifen schneiden. Auf den Küchenhandtüchern verteilen und mit Mehl bestäubt bis zur Weiterverwendung trocknen lassen.
Die in Salzwasser gekochte Pasta abschütten, mit den Bohnen, Kartoffeln und dem Pesto gut vermengen. Bei Tisch kann nach Wunsch geriebener Parmesan gereicht werden.

Zwei Rezepte von Sauros Mutter Assunta im Restaurant »La Mora« in der Garfagnana/Toskana.

»La Mora« habe ich ganz besonders gern und besuche es immer bei meinen Reisen in dieser Region. Signora Angela und ihr Ehemann Sauro, die das Lokal unter Mithilfe einiger Familienmitglieder führen, haben sich ausschließlich der regionalen Küche verschrieben. Diese ist sehr vielfältig und einfallsreich, wenn auch etwas schwerer als in der übrigen Toskana.
Die Pasta wird in Handarbeit von Mutter Assunta tagtäglich frisch hergestellt. Ihr habe ich auch die zwei folgenden Rezepte abgeschaut:

Tacconi con sugo di coniglio
Tacconi mit Kaninchensoße

½ Kaninchen (ca. 600 g)
1 Zwiebel
1 Karotte
2 Knoblauchzehen
2 Selleriestangen
einige Nelken
1 kleines Stück Zimtstange oder
1 Messerspitze Zimtpulver
½ l Rotwein
100 g Pancetta
2 Lorbeerblätter
200 g reife Tomaten
Salz und Pfeffer
¼ l Olivenöl extra vergine
Parmesan

Für die Pasta:
600 g Weizenmehl (Type 405)
3 Eier
½ Glas Wasser
2 EL Olivenöl
Salz

Das Kaninchen für etwa 1 Stunde in Rotwein einlegen, dem Zwiebel, 1 Selleriestange, Karotte, Knoblauch, Nelken und Zimt beigegeben werden. Die Pancetta würfeln, die zweite Selleriestange kleinschneiden und zusammen mit den Lorbeerblättern im Olivenöl anbraten. Sobald alles Farbe angenommen hat, das zerteilte Kaninchen zugeben.
Kurz anziehen lassen, mit dem Wein begießen und aufkochen.

Die geschälten, entkernten und zerkleinerten Tomaten zugeben. Salzen und pfeffern und etwa ½ Stunde köcheln lassen.

In der Zwischenzeit mit den angegebenen Zutaten den Teig bereiten und kräftig durchkneten.
Das Holzbrett bemehlen und den Teig auf einer Fläche von 50 Zentimetern Höhe und 50 Zentimetern Breite dünn ausrollen. Daraus viele kleine, viereckige (2x2 oder 3x3 cm) Teigstücke *(tacconi)* ausschneiden und mit Mehl oder Grieß bestreut bis zum Weiterverbrauch auf einem Küchenhandtuch liegenlassen.

Die Soße durchpassieren, das Kaninchen entbeinen und die Stücke in die cremige Soße geben.
Die Pasta in Salzwasser 4–5 Minuten kochen, abschütten und abtropfen lassen. Wechselweise Soße, geriebenen Parmesan und Pasta in eine tiefe Terrine geben, kurz durchschütteln und bei Tisch mit frisch gemahlenem Pfeffer bestreuen.

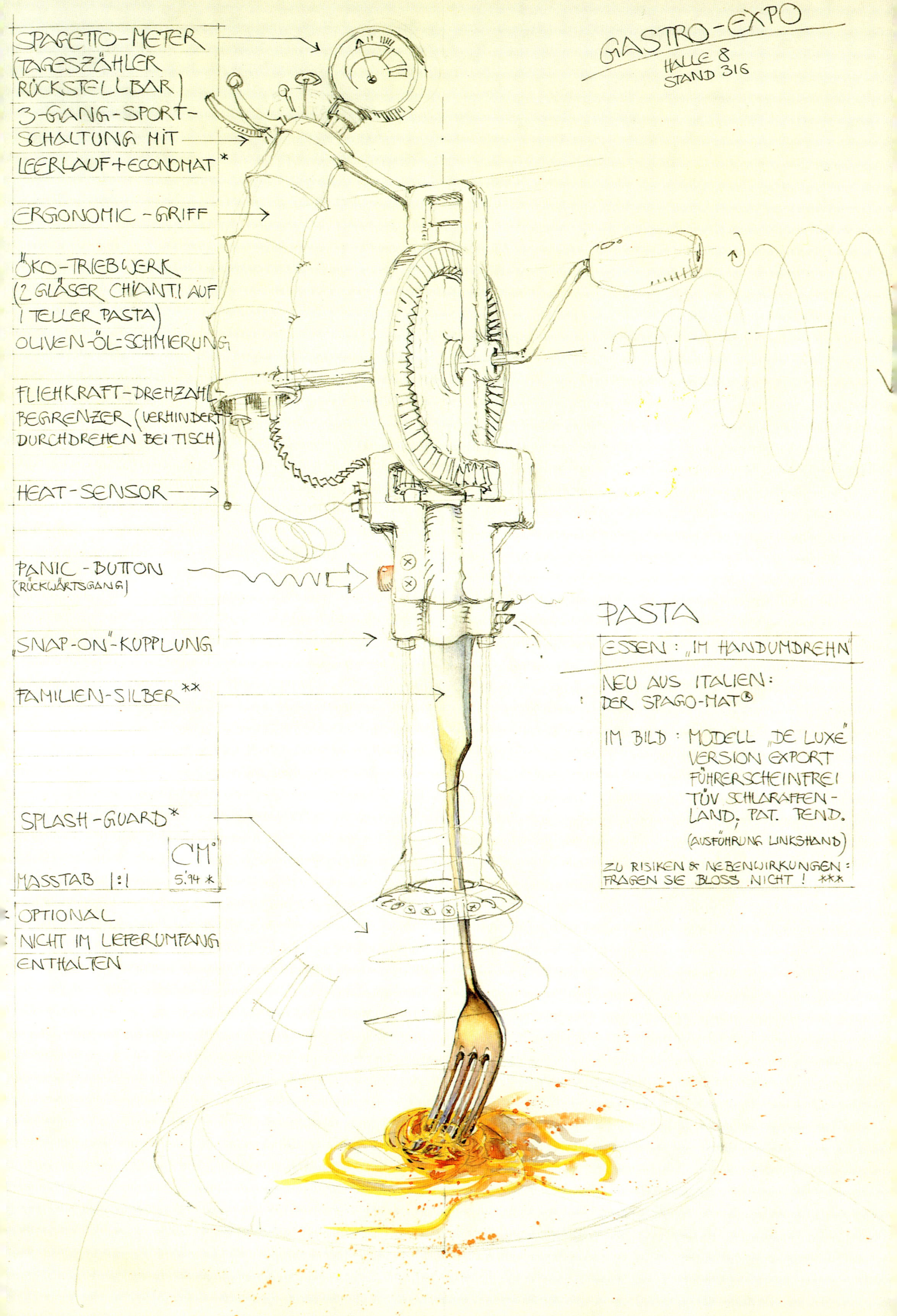
SPAGETTO-METER
(TAGESZÄHLER
RÜCKSTELLBAR)
3-GANG-SPORT-
SCHALTUNG MIT
LEERLAUF + ECONOMAT*
ERGONOMIC-GRIFF
ÖKO-TRIEBWERK
(2 GLÄSER CHIANTI AUF
1 TELLER PASTA)
OLIVEN-ÖL-SCHMIERUNG
FLIEHKRAFT-DREHZAHL-
BEGRENZER (VERHINDERT
DURCHDREHEN BEI TISCH)
HEAT-SENSOR
PANIC-BUTTON
(RÜCKWÄRTSGANG)
„SNAP-ON"-KUPPLUNG
FAMILIEN-SILBER**
SPLASH-GUARD*
MASSTAB 1:1
CM
5.94 *
: OPTIONAL
: NICHT IM LIEFERUMFANG
ENTHALTEN
GASTRO-EXPO
HALLE 8
STAND 316
PASTA
ESSEN: „IM HANDUMDREHN"
NEU AUS ITALIEN:
DER SPAGO-MAT®
IM BILD: MODELL „DE LUXE"
VERSION EXPORT
FÜHRERSCHEINFREI
TÜV SCHLARAFFEN-
LAND, PAT. PEND.
(AUSFÜHRUNG LINKSHAND)
ZU RISIKEN & NEBENWIRKUNGEN:
FRAGEN SIE BLOSS NICHT! ***

Ravioli al profumo di maggiorana

Ravioli mit einem Hauch von Majoran

Für den Teig:
700 g Weizenmehl (Type 405)
5 Eier
½ Glas Wasser
2 EL Olivenöl
Salz

Für die Füllung:
300 g frischer Ricotta
150 g gekochter Spinat
2 Eier
50 g geriebener Parmesan
Muskatnuß
Salz und Pfeffer

Für die Soße:
50 g Pinienkerne
50 g frische Majoranblätter
200 g Basilikumblätter
100 g Butter
Olivenöl extra vergine
Salz

Aus den angegebenen Zutaten einen Teig bereiten, abdecken und kühl mindestens ½ Stunde ruhen lassen.
Zwischenzeitlich den Ricotta mit dem Spinat durchpassieren.
Die Eier und den Parmesan dazurühren und mit Salz, Pfeffer sowie Muskatnuß abschmecken.
Auf einer bemehlten Tischplatte (am besten Marmor) den Teig sehr dünn ausrollen. In Bahnen schneiden, mit einem verquirlten Eigelb bestreichen und von der Füllung im Abstand von etwa 4 Zentimetern mit einem Teelöffel oder einer Spritztülle kleine Bällchen setzen. Darauf eine Teigbahn legen und an den Seiten etwas andrükken. Mit dem Teigrädchen die Ravioliform ausschneiden und auf bemehlten Küchenhandtüchern bis zur Weiterverarbeitung ruhen lassen.
Die Pinienkerne mit dem Mörser zermahlen oder mixen und nacheinander Majoran und Basilikumblätter zugeben. Alles in eine Pfanne geben und in Butter und Olivenöl zu einer cremigen Soße rühren.
Die Pasta etwa 5 Minuten in Salzwasser kochen, vorsichtig abschütten oder mit einer Schöpfkelle herausheben und in die Pfanne geben. Einen Augenblick in der Soße ziehen lassen und sofort servieren.
Bei Tisch nach Wunsch mit weißem Pfeffer bestreuen.

Das 1993 eröffnete Restaurant »La Via Romana« in Bordighera habe ich im Sommer 1994 besucht. Romolo Giordano (Maître) und Giuseppe Graziano (Küchenchef) legen großen Wert auf eine verfeinerte traditionelle Küche dieser Region Liguriens, die die Einflüsse der Provence in sich vereint.

In einem sehr interessanten Gespräch erfuhr ich viel über so manche vergessene Besonderheiten der ligurischen Pasta. Zwei dieser »wiederentdeckten« Pastagerichte, die »Borsottou« und die »Corzetti stampati«, haben mich ganz besonders beeindruckt.

Borsottou
Gefüllte Teigtaschen

Bei den Borsottou handelt es sich um große Ravioli, die fritiert serviert werden und an die *barbagiuan* der Riviera und der Côte d'Azur oder auch an die *gattafuin* der Riviera di Levante erinnern. Die Borsottou sind charakteristisch für Breil-sur-Roya, eine kleine Stadt in Frankreich, dicht an der ligurischen Grenze. Dort, so habe ich erfahren, fehlen sie nie bei den traditionellen Festen. Ein obligatorisches Essen war dies früher auch für die zum Militär einberufenen jungen Männer. Vielleicht kommt daher auch der Name, der sich von *borsa/borsetta* (gepackte Tasche) ableiten könnte.

Die Zutaten reichen für etwa 50 Borsottou

Für den Teig:
500 g Weizenmehl (Type 405)
1 EL Roggenmehl
1 kleines Ei
6 EL Milch
2 EL Wasser
2 EL Olivenöl
Salz

Für die Füllung:
1 kg Lauch
600 g Mangold (oder Spinat oder je 300 g von beidem)
150 g Reis
8 Sardellen (in Salz)
150 g geriebener Parmesan
(man kann ebenso verschiedene Hartkäse reiben)
4 EL Olivenöl extra vergine
Salz und Pfeffer
Öl zum Fritieren

Auf ein Holzbrett oder eine Marmorplatte die beiden Mehlsorten schütten. In die Mulde Milch, Ei, Olivenöl, Salz und Wasser geben und von da aus beginnend mit dem Finger alles miteinander vermischen.
Unter kräftigem Kneten (mindestens ¼ Stunde) zu einem geschmeidigen Teig verarbeiten und für 1 Stunde abgedeckt im Kühlen ruhen lassen.
Inzwischen das grüne Gemüse waschen, aber nicht abtropfen lassen, sondern direkt zum Kochen in einen ausreichend großen Topf geben. Wenn es gar ist (10–20 Minuten, je nach Sorte), abschütten. Abgekühlt sehr fein schneiden.
Die Lauchstangen gründlich waschen, in sehr feine Ringe schneiden und in ausreichend Salzwasser 5 Minuten kochen.
(Jungen Lauch ganz verwenden, das Grüne vom Winterlauch nicht.)
Den Reis zugeben und weitere 10 Minuten köcheln. Danach abschütten und beiseite stellen.
Die Sardellen entsalzen und entgräten. Auf kleiner Flamme in Öl zergehen lassen, dabei mit einem Holzlöffel zerdrücken, bis eine Paste entstanden ist. Das Gemüse und die Reis-Lauch-Mischung zugeben. Für etwa 3 Minuten ziehen lassen und kurz schwenken. Nach Erkalten den Parmesan unterrühren, pfeffern und salzen. (Vorsichtige Dosierung beim Salzen!)

Den Pastateig von Hand oder mit der Pastamaschine 2–3 Millimeter dünn ausrollen. Bahnen schneiden, mit verquirltem Eigelb bestreichen und im Abstand von 5–6 Zentimetern nußgroße Bällchen setzen. Mit einer zweiten Teigbahn belegen, in den Zwischenräumen leicht andrücken und mit einem Teigrad ausschneiden. Die Borsottou sollten 5–6 Zentimeter groß sein.
Auf bemehlte Küchenhandtücher legen und einige Stunden ruhen lassen.
In ligurischem Olivenöl goldgelb fritieren. (Man kann jedes leichte, zum Fritieren geeignete Öl verwenden.) Mit einer Schöpfkelle herausnehmen und auf mehrlagiges Küchenkrepp legen.
Die Ravioli können heiß wie kalt serviert werden.

Corzetti stampati
»Bedruckte« Corzetti

Eine sehr charakteristische Pastasorte aus der Provinz Genua, speziell aus Chiaveri, wo es heute noch einige Handwerksbetriebe gibt, die die runden Stempel zum »Bedrucken« der Pasta herstellen. Es war früher durchaus verbreitet, daß in dieser Region jede adelige Familie diese Pasta mit ihrem Wappen verzierte. Auch heute noch gibt es die Möglichkeit, sich einen solchen Holzstempel anfertigen zu lassen.
Noch eine weitere Pastasorte gibt es in Genua, die diesen Namen trägt. Es sind Teigwaren in der Form einer Acht, die vielfach noch mit der Hand, inzwischen aber auch industriell hergestellt werden.
Zum Anrichten verwendet man gerne Butter, geröstete Pinienkerne und frischen Majoran. Doch eignen sich die Corzetti für viele verschiedene Soßen. Darüber ist schon in Kochbüchern aus dem letzten Jahrhundert geschrieben worden.

Für den Teig:
500 Weizenmehl (Type 405)
3 Eier
Salz
1 kleines Glas Wasser oder Weißwein

Für die Soße:
500 g Steinpilze
½ Glas Olivenöl extra vergine
1 kleine, sehr fein gehackte Knoblauchzehe
1 Zweig Petersilie, sehr fein gehackt
½ Glas trockener Weißwein
½ Glas Fleisch- oder Gemüsebrühe
2 Zweige Bergminze
Salz und Pfeffer
Parmesan nach Wunsch

Das Mehl auf einem Holzbrett oder einer Marmorplatte anhäufen, die Eier nacheinander aufschlagen und mit etwas Salz in die Vertiefung geben.
Weißwein oder Wasser einarbeiten und kräftig durchkneten.
Vorsicht bei der Zugabe von Flüssigkeit, denn der Teig soll relativ fest sein. Er muß für mindestens 1 Stunde abgedeckt ruhen.
Danach die Teigplatten 3 Millimeter dünn ausrollen und mit verquirltem Eigelb bestreichen. Mit der runden Holzform (Durchmesser 5 ½ Zentimeter) Teigstücke ausstechen, auf die der Stempel gedrückt wird und so der Pasta ihr Motiv verleiht (ähnlich wie bei den Spekulatius).

Die Pasta auf bemehlte Küchenhandtücher legen und trocknen lassen.
Zwischenzeitlich die Pilze verlesen, nur wenn nötig vorsichtig waschen oder mit einem nassen Tuch abreiben und in dünne Scheiben schneiden. Das Öl in einer Pfanne erhitzen, Knoblauch, Pilze und Petersilie zugeben und 5 Minuten ziehen lassen. Den Wein und die Brühe zugießen und für weitere 3 Minuten köcheln. Die Minzblättchen zugeben, salzen und pfeffern und noch 1 Minute ziehen lassen.
Die Pasta in Salzwasser und 1 Eßlöffel Olivenöl 4 Minuten kochen, abgießen und zu den Pilzen schütten. Mehrmals durchschwenken und sehr heiß servieren.

Vielleicht finden Sie unter Ihren Weihnachtsförmchen einen Holzstempel für Spekulatius oder irgendeinen schönen, runden Gegenstand mit einer tieferen Prägung. Zum Ausstechen können Sie jedes Glas mit einem Durchmesser von 5 Zentimetern verwenden.

PASTA:
FETTUCINE
ALL' ARABESCA"
ZUTATEN:
VIEL FRISCHE ALHAMBRA,
2 SORGFÄLTIGE HÄNDE,
1 PRISE IS LAHM
CM
10.'94 * KA

»La Tenda Rossa« in Cerbaia Val di Pesa bei Florenz zählt für mich zu den besten Restaurants der Toskana. Selten habe ich eine so exzellente Küche kennengelernt, die soviel Wert legt auf die materia prima, die Qualität der Grundzutaten.

Die angebotenen toskanischen Gerichte vermischen sich ein wenig mit denen der Emilia. Das Zepter in der Küche schwingen die Frauen aus drei Familien, deren Töchter zusammen mit ihren Vätern das Restaurant versorgen. Die Küchenchefin Maria Salcuni hat mir zwei ihrer Pastarezepte überlassen. Sicherlich sind sie aufgrund der Zutaten etwas außergewöhnlich, dafür aber in ihrem Resultat um so köstlicher.

Tortelli di piccione in sfoglia allo zafferano con fegatini dal cortile alla salvia

Mit Taubenfleisch gefüllte Safran-Tortelli in Salbei-Leberragout

Für 6 Personen

Für die Füllung:
2 Tauben (à 500 g)
3 Schalotten
1 Selleriestange
1 Karotte
2 Knoblauchzehen
1 Lorbeerblatt
1 Salbeizweig
1 Thymianzweig
2 Eier
50 g geriebener Parmesan
2 EL toskanisches Olivenöl extra vergine
½ Glas Weißwein
1 Schöpflöffel Fleischbrühe
2 EL dicke Béchamelsoße

Für den Teig:
500 g Weizenmehl (Type 405)
4 Eier
Safranfäden oder 1 Päckchen Safranpulver
4 EL kochendes Wasser

Für das Ragout:
eßbare Innereien der beiden Tauben (Herz, Leber, Magen)
1 Hähnchenleber
1 Kaninchenleber
2 EL toskanisches Olivenöl extra vergine
einige Salbeiblätter
Salz und Pfeffer

Nach dem Entfernen der Innereien die beiden Tauben in 4 Teile schneiden. Die Stücke im Olivenöl mit allen kleingeschnittenen Gemüsen und den Kräutern bei großer Hitze anbraten.
Mit dem Weißwein ablöschen; nachdem dieser verdunstet ist, die Fleischbrühe zugießen und bei kleiner Flamme ½ Stunde köcheln.

Danach die Tauben entbeinen, die Fleischstücke und das Gemüse sehr fein schneiden oder durch den Fleischwolf drehen. Mit der Béchamelsoße, dem Parmesan und den Eiern zu einer Paste verrühren, abschmecken und einige Stunden ziehen lassen.

Das Mehl ausschütten, die Eier aufschlagen und mit dem in kochendem Wasser aufgelösten Safran in die Mehlmulde geben. Gründlich miteinander vermischen und schnell zu einem Teig kneten. Auf einem gut bemehlten Holzbrett den Teig sehr dünn ausrollen. Die Füllung im Abstand von 5–6 Zentimetern auf den Teig setzen, die Zwischenabstände mit verquirltem Ei bepinseln, ein zweites gleich großes Teigstück auflegen, mit den Fingerspitzen an den Rändern leicht andrücken und mit einem gewellten Teigrädchen ausradeln. Es entstehen so viereckige Tortelli in der Größe von 4x4 Zentimetern.

Die eßbaren Innereien der Tauben sowie die beiden Lebern gründlich säubern und von den Nervenfasern befreien. In Streifen schneiden und kurz mit den Salbeiblättern in Olivenöl anbraten (sie sollen rosa bleiben). Abschmecken.
Die Pasta in Salzwasser 2 Minuten kochen, abschütten und auf vorgewärmte Teller verteilen. Das Ragout darübergeben und sofort servieren.

Ravioli di astaco su purea di fagioli bianchi insaporiti all'alloro con filo di »Laudemio« a crudo

Ravioli mit Hummerfüllung auf weißem Bohnenbett mit Lorbeergeschmack und »Laudemio«-Olivenöl

Für 6 Personen

Für die Füllung:
1 lebender Hummer (ca. 1,2 kg)
2 EL dicke Béchamelsoße mit
2 Eigelb angereichert
Salz und Pfeffer

Für das Bohnenpüree:
300 g weiße gekochte Bohnen (cannellini)
11 EL toskanisches Olivenöl »Laudemio«
einige Lorbeerblätter
2 Knoblauchzehen
1 Rosmarinzweig

Für die Pasta:
500 g Weizenmehl (Type 405)
4 Eier
Salz

Den lebenden Hummer mit dem Kopf zuerst in sprudelnd kochendes Wasser werfen, zudecken und ca. 15 Minuten bei sanfter Hitze kochen. Herausnehmen und abkühlen lassen.
Zuerst die Scheren vom Rumpf ausbrechen, ihn der Länge nach aufschneiden und das Fleisch vorsichtig auslösen. (Den dunklen Darm herausheben.) Den beim weiblichen Hummer vorhandenen Corail und die Leber im Kopfteil, die grün und cremig ist, können Sie mitverwenden.
Das Schwanzfleisch herausziehen, die Scheren aufbrechen und deren Fleisch herauslösen (das dünne Häutchen entfernen).
Das gesamte Hummerfleisch sehr fein schneiden oder mit dem Mixer oder Schneidestab pürieren und mit der Béchamelsoße cremig rühren. Mit Salz und weißem Pfeffer abschmecken und für einige Stunden im Kühlschrank ziehen lassen.
Die gekochten Bohnen salzen, im Mixer pürieren. In einem Topf das Olivenöl erhitzen, Knoblauch, Rosmarin und Lorbeerblätter darin leicht bräunen und durchsieben. Dieses gewürzte Öl zu dem Bohnenpüree rühren.

Den Pastateig mit Mehl, Eiern und Salz bereiten und sehr dünn (fast transparent) ausrollen. Kleine Bällchen auf die geschnittenen Teigbahnen setzen, in den Zwischenräumen mit Eigelb bestreichen und mit einem gleich großen Teigstück belegen. Die Ränder andrücken und dabei die Luft herausstreichen. Die Ravioli mit dem Teigrädchen (glatt oder gewellt) in einer Größe von 3 x 3 Zentimetern ausschneiden.
In Salzwasser 2 Minuten kochen und abschütten.

Auf vorgewärmten Tellern das heiße Bohnenpüree verstreichen, etwas von dem Olivenöl »Laudemio« daraufgießen, die Ravioli dazugeben und zum Schluß frisch gemahlenen weißen Pfeffer darüberstreuen. Sofort servieren.

Ravioli coriandoli di verdure al rosmarino

Ravioli im Gemüsebett

ist die Frühjahrs- und Sommerversion der Köchinnen in »La Tenda Rossa«.
Anstelle der Bohnen werden verschiedene Gemüsesorten verwendet:

2 Karotten
1 kleine weiße Zwiebel
1 Stück Stangensellerie
1 Kartoffel
½ gelbe Paprikaschote
½ rote Paprikaschote
1 Zucchino

In 2 Eßlöffeln Olivenöl sowie einigen frischen Rosmarinzweigen werden die sehr klein geschnittenen Gemüsesorten kurz gedünstet, auf die Ravioli verteilt und mit weißem Pfeffer bestreut serviert.

Bei diesem Gericht sollten Sie am Olivenöl nicht sparen und ein sehr gutes toskanisches verwenden; möglichst eines aus erster Pressung.

In Rosano, zwischen Pontassieve und Bagno a Ripoli, 8 Kilometer von Florenz entfernt, in einem der wunderschön restaurierten Bauernhäuser mit einer Tenne bei einem Mönchskloster aus dem 12. Jahrhundert gelegen, haben Carlo und Piero, die früheren Besitzer des »Il Trebbiolo« in Molino del Piano, ihr neues Refugium aufgebaut.

»Le Piramide« nannten von jeher die älteren Bewohner des Ortes die drei pyramidenähnlichen Hügel bei Rosano und so standen sie bei der Namensfindung Pate.
Das im Oktober 1997 eröffnete Restaurant haben viele Gäste schon nach kurzer Zeit zu ihrem Stammlokal erhoben. Denn besonders die Florentiner lieben es, an lauen Sommerabenden hier draußen unter der großen Pergola zu speisen.
Carlas und Pieros Sohn, Fabio, hatte seine Reiselust befriedigt. Nach seinem langjährigen erfahrungsreichen Amerika-Aufenthalt ist er an den heimischen Restaurantherd zurückgekehrt und unterstützt die Familie in ihrer Entscheidung, sich ausschließlich der Gastronomie zu widmen.

Ravioli delle Piramide

Ravioli nach Art des Hauses »Le Piramide di Rosano«

Für den Teig:
200 g Weizenmehl (Type 405)
50 g Hartweizenmehl, fein ausgemahlen
2 Eier
1 EL Olivenöl oder flüssige Butter

Für die Füllung:
200 g frischer Ricotta
1 Ei
1 EL geriebener Parmesan
frisch geriebene Muskatnuß
1 TL fein gehackte Petersilie
Salz

Tomatensoße, Basilikum und Parmesan
oder
verschiedene Gartenkräuter (zum Beispiel Thymian, Salbei, Majoran oder andere frische Kräuter Ihrer Wahl)
1 EL Butter
½ Glas Weißwein
1 große reife Tomate

Die beiden Mehlsorten vermischt auf ein Holzbrett oder eine Marmorplatte schütten, in die Mitte eine Mulde drücken, die beiden Eier aufschlagen und zusammen mit Öl oder Butter hineingeben. Alles gut miteinander vermischen und zu einem Teig verarbeiten. Für 1 Stunde zugedeckt im Kühlschrank ruhen lassen.

In der Zwischenzeit alle Zutaten für die Füllung zu einer Creme vermengen.

Den Teig auf der gut bemehlten Fläche dünn ausrollen und auf eine Hälfte die Füllung in kleinen Bällchen verteilen. Bevor die andere Teighälfte aufgelegt wird, die Zwischenräume mit Ei bestreichen, leicht andrücken und kleine Quadrate ausradeln.
Die Ravioli etwa 5 Minuten in Salzwasser kochen. Vorsichtig herausnehmen und anrichten.

Die Kräutersoße dazu können Sie wie folgt herstellen:
Butter und zerhackte Kräuter in einer Pfanne leicht bräunen, mit ½ Glas Weißwein ablöschen und kleingewürfelte Tomatenstückchen (ohne Haut und Kerne) dazugeben. Mehrmals die Ravioli darin schwenken und mit Parmesan bestreut servieren.

Seit sechs Jahren führt Francesco Giuriola erfolgreich in Bremen das italienische Feinschmecker-Restaurant »La Cucina Dell'Arte«.

Mir gefallen besonders seine Bemühungen, bekannte und bewährte italienische Gerichte einmal anders anzubieten und sie mit ortsüblichen, traditionellen Rezepten zu kombinieren.
Vor einem Jahr hat Francesco auf Anraten seiner aus Bremen stammenden Frau Anja eine ganz besondere Raviolifüllung ausprobiert. Dabei spielt das typische Bremer Kohl- und Pinkelrezept eine wichtige Rolle. Die Gäste der »Cucina Dell'Arte« haben diese Variation mit Begeisterung aufgenommen, so daß sich diese Vorspeise hier schnell in das winterliche Menü einpaßte. Um den Grünkohl zu verarbeiten, sollte man den ersten Frost abwarten. Doch wer Lust darauf hat, die Ravioli von Francesco auch zu anderen Jahreszeiten herzustellen, der kann getrost tiefgefrorenen Grünkohl verwenden.

Ravioli mit Grünkohl- und Pinkelfüllung

Ravioli di Brema

Für 8 Personen

Für die Füllung:
500 g Kassler vom Nacken
150 g geräucherter Bauchspeck
¼ l Fleischbrühe
500 g frischer Grünkohl (auch aus dem Glas oder tiefgefroren)
2 EL Hafergrütze
1 Zwiebel
3 Bremer Pinkel oder Oldenburger (Grützwurst)
1 Kochwurst
100 g weichgekochte Kartoffeln

Für den Teig:
600 g Weizenmehl
150 g Hartweizenmehl
100 g gekochter Spinat
8 Eiweiß
2 EL Nußöl
3 EL trockener Weißwein
Salz
1 Ei zum Bestreichen
Butter und Salbei oder
Butter und Schalotten, Fleischbrühe
sowie Parmesan zum Anrichten

Kassler und Speck in einen großen Topf legen, die Fleischbrühe auffüllen, den Grünkohl zugeben. Die Zwiebel kleinwürfeln und zusammen mit der Hafergrütze darüberstreuen. Vorsichtig unterheben, kurz aufkochen lassen und 1 Stunde köcheln. Danach die Pinkel und die Kochwurst auf den Kohl legen und weitere 20 Minuten kochen. Abgekühlt über Nacht in den Kühlschrank stellen. (Sehr wichtig, da alles gut durchziehen muß.)

Am nächsten Tag die gezogene Flüssigkeit abgießen und den Grünkohl ausdrücken. (Er muß für die Füllung trocken sein!) Zusammen mit den gekochten Kartoffeln durch den Fleischwolf drehen (die mittlere Scheibe benutzen, denn die Füllung darf nicht zu fein und nicht zu grob sein).

Die beiden Mehlsorten auf ein Holzbrett schütten und in die Mitte den gut ausgedrückten und pürierten Spinat, die Eiweiße, das Öl, den Wein und das Salz geben. Von der Mulde aus die Zutaten mit dem Mehl schnell verarbeiten und zu einem Teig kneten, der nicht mehr an den Händen kleben soll. Möglichst ½ Stunde mit einem Küchenhandtuch abgedeckt ruhen lassen. (Nicht im Kühlschrank.) Danach mit einem Nudelholz oder einer Nudelmaschine den Teig sehr dünn ausrollen. Teigbahnen von 20 Zentimetern Länge bereiten und mit einem verquirlten Ei bestreichen. Mit einer Spritztülle oder einem Löffel die Füllung in kleinen Bällchen im Abstand von 3–4 Zentimetern setzen. Mit einem gleich großen Teigstück belegen, leicht andrücken und mit einem Teigrädchen die Ravioli ausschneiden – es sollten kleine Quadrate von 3 Zentimetern Seitenlänge sein.
Vor der Weiterverwendung mit Mehl bestäuben und mit einem Küchenhandtuch bedeckt einige Stunden kühl stellen.

Die Ravioli 3–4 Minuten in Salzwasser kochen, in geschmolzener Butter und Salbei kurz schwenken und mit geriebenem Parmesan servieren.

Francesco bietet die Ravioli manchmal auch in einer Soße aus Butter, etwas Fleischbrühe und gehackten Schalotten an.

LE FARFALLE

Pastario

Der Reichtum an phantasievollen Bezeichnungen für die Pasta scheint unermeßlich. Und jährlich kommen neue Sorten hinzu, die – wie die *marille* – sogar von einem der besten Gestaltungskünstler Italiens, dem Autodesigner Giugiaro entworfen werden.
Wer kann schon all diese Namen behalten: die *agnolotti, anolini, bigoli, cavatappi, farfalle, garganelli, malfatti, marubini, orecchiette, pappicci, pizzoccheri, ruole, stivaletti* oder *zite*? Es sind Namen, die nicht nur uns, sondern auch jede Italienerin und jeden Italiener verwirren. Ihre sprachlichen Abwandlungen verdanken sie den unzähligen lokalen Dialektformen, die sich wohl auch deshalb so gut erhalten haben, weil Italien erst 1860 ein einheitlicher Nationalstaat wurde.
Die Pasta hat nicht nur viele Namen, sondern auch ebenso viele Formen. Schmecken und Geschmack verschmelzen hier aufs Köstlichste zu einer Einheit, womit die Pasta der eindrucksvolle Beweis dafür wäre, daß das Ästhetische auch immer eine sehr konkrete sinnliche Seite hat – und umgekehrt. Italien hat uns mit der Pasta eine in der Welt einzigartige Ornamentgeschichte geschenkt, die wir im wahrsten Sinne des Wortes »zum Fressen gern« haben. Formen und Namen verwandeln, ja sie verzaubern die so amorphe Teigmasse jedesmal in ein unverwechselbares Geschmackserlebnis, dem in Verbindung mit immer neuen Geschmacksvarianten keine Grenzen gesetzt sind. Sehr schön veranschaulicht das von Peter Kubelka gewählte Bild von der Pasta als einer »Architektur für den Mund«, worum es dabei geht: »Der Mund untersucht die Pasta nicht aus der Distanz, wie es das Auge tut; der Bissen wird vielmehr herumgewälzt, abgedrückt, die Zähne zertrennen ihn, die Zunge dringt darin ein, Zunge und Gaumen vermessen, benetzen, nehmen die Form zur Kenntnis und lösen sie auf.«

Im genußvollen Verwirrspiel um die Namengebungen für die Pasta blicken wir in den Spiegel einer großartigen kulinarischen Form- und Phantasiewelt. Mit dem *Pastario* habe ich versucht, dieses Mosaik kleiner und großer Geschichten zu ordnen – wohlwissend, daß es mit dem Erscheinen dieses Buches bereits um einige Formen »weitergeschrieben« wurde.

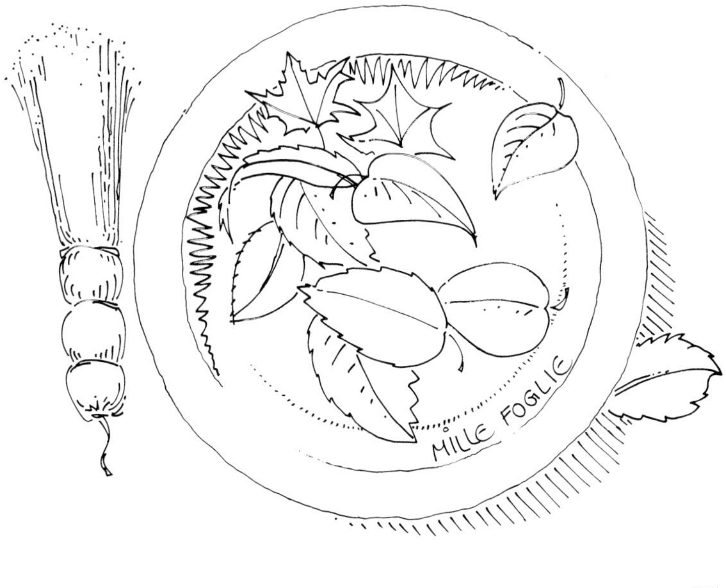

A

Abissini: Muscheln, länglich.
– *›con cime di rapa‹:* Mit Rübensprossen, Sardellenfilet, Knoblauch, Olivenöl.

Acini di pepe: Pfefferkörner, Suppennudeln.

Agliata: Hausgemachte Tagliatelle. Mit einem Pesto aus Knoblauch und Walnüssen, Brotkrumen von frischem Brot, Milch und Butter werden die Tagliatelle angerichtet; sie heißen dann Agliata.

Agnoletti, Agnolotti: Teigkissen, quadratisch oder rechteckig, gefüllt, groß und klein. Auf *anulus, agnulus (lat.)* bezieht sich laut Ethymologen das Wort Agnolotti, obwohl heute die Form dieser gefüllten Nudeln nichts mehr mit ›Ringen‹ zu tun hat. Rund sind sie früher einmal gewesen, denn man kennt noch das ringartige Gerät zum Schneiden. ***Anôlot*** oder ***anellotto*** (Turin) waren damals die Bezeichnungen, und man vermutet, daß sie erstmals im 14. Jahrhundert hergestellt wurden. Verwischt hat sich allerdings die Annahme, daß die Agnolotti
– *›di carne‹:* mit Fleisch und die Ravioli.
– *›di magro‹:* mit Käse und Gemüse gefüllt waren. Agnolotti sind überwiegend im Piemont anzutreffen, wo sie in vielen verschiedenen Variationen und Formen zubereitet werden. Sie gehören immer zur traditonellen Vorspeise, besonders zu Weihnachten und zum Karneval. In vielen Familien werden an Festtagen anstatt der üblichen Antipasti gefüllte Teigtaschen auf einer Stoffserviette gereicht.

Agnolotti aus der Lombardei: Teigkissen, gefüllt.
– *›alla sabbionetana‹:* In Sabbioneta bereitet man die Füllung für die Agnolotti aus Kalbfleisch zu, gemischt mit einer Wurstsorte aus der Gegend.

Agnolotti aus den Marken: Teigkissen, gefüllt.
– *›alla marchigiana‹:* Für die Füllung benutzt man besonders in Ancona Fleisch, Mortadella, Spinat und Muskatnuß. Serviert werden sie in Tomatensoße mit einem Stück Butter oder mit Ragout oder auch mit einer Sahnesoße und viel Parmesan.

Agnolotti aus dem Piemont: Teigtäschchen, gefüllt und nicht größer als ein Hundertlirestück.
– *›della Val Cerrina‹:* Die bäuerliche Bevölkerung aus dem Cerrina-Tal bereitet die Füllung gern aus Kaninchen- und Kalbfleisch, gekochter Salami, rohem Schinken (fett und mager), Kohlblättern, Öl und Butter, Weißwein und Parmesan.
– *›della Valle di Lanzo‹:* Für die Füllung nimmt man gekochtes Rindfleisch, Kalb- und Schweinefleisch, Kalbs- und Schweineleber, Butter, verschiedene Gemüse- und Kräutersorten zum Anbraten, etwas Weißwein, Eier, Parmesan und Gewürze. Angerichtet werden die Agnolotti mit dem Fleischfond oder mit flüssiger Butter und weißem Trüffel.
– *›ripieni di carne‹:* Eine Füllung aus verschiedenen Fleischsorten (Rind-,Kalb-, Schweine- oder Kaninchenfleisch), mit der in der Gegend typischen Wurst, Eiern, Grana, in Milch eingeweichten Brötchen und grünem Gemüse (Mangold/Spinat).

Agnolotti: Man nennt die Agnolotti in Tortona auch **Gobèin**. Sie sind relativ klein und rechteckig, die Füllung besteht nur aus dem Gemüse, das mit dem Schmorbraten zusammen gart. Man kocht sie in einer Fleischbrühe und richtet sie vor dem Servieren noch mit Ragout und viel Parmesan an.

Agnolotti *›toscani‹:* Für die Füllung nimmt man in der Toskana Hirn, Kalbfleisch, Mortadella, Parmesan, eingeweichtes Brot und Butter. Serviert werden sie entweder in einer kräftigen Fleischbrühe oder nur mit Butter und viel Käse oder mit einem Ragout.

Agnolotti *›verdi alla genovese‹:* In Ligurien besteht die Füllung der Agnolotti aus Spinat, Mangold, Petersilie, Kerbel und Basilikum, Kalbfleisch, Fleischbrühe, Eiern und Zwiebeln.

Agnulot: In Ivrea/Canavese werden die Agnolotti ›canavesi‹ mit in Milch oder Fleischbrühe gekochtem Reis, Rindfleisch, Wurst, Schinken oder Pancetta gefüllt.
In den Provinzen Vercelli und Novara nimmt man für die Füllung gekochten Reis, Käse und Butter. Die Teigtaschen werden dann in Kapaun- oder Kalbsbrühe gegart und mit Rosmarin und Salbeibutter oder mit Fleischsugo angerichtet.
In Alessandria mariniert man Rindfleisch (am besten vom Hals, *matamà*) mit Gemüsesorten und Kräutern 2 Tage in einer Flasche Barbera. Milz, Salat, Eier, Parmesan, Würstchen und gekochte Salami werden mit dem gegarten und zerkleinerten Rinderbraten für die Füllung verwendet. Anstelle des Rindfleisches nimmt man auch gern Pferde- oder Eselsfleisch.
Im Monferrato nimmt man für die Füllung meist kein grünes Gemüse, sondern nur Rinderbraten; oder Schweinefleisch, Bries, Hirn und Rückenmark, Butter und Parmesan für die Füllung. Gekocht werden die Agnolotti in einer Fleischbrühe, der oftmals ein Glas Barbera zugegossen wird. Mit einem Ragout und viel Parmesan werden die Nudeln serviert.
In Asti/Borgomanero nimmt man anstelle von Kalbfleisch gern Fohlenfleisch.
– *›de selvaggina‹:* Mit Wildfleisch (Rebhuhn, Fasan, Hase).
– *›al tartufo‹:* Mit Schweinelende, Kalbfleisch, rohem Schinken, Butter, Parmesan, Weißwein, Trüffel. Hier gehört der Trüffel in die Füllung.

– *›di spinaci‹:* Die Füllung besteht überwiegend aus Spinat, der im Piemont besonders gut ist, Rindfleisch, Milch, Parmesan, Reis, Pancetta und Eiern.

Agnoli, Agnolini: Ravioli, groß und klein, aus der Lombardei. Mit einer Füllung aus Kapaunfleisch (Masthahn) macht man diese Spezialität in Mantua.

– *›alla mantovana‹:* Mit einer Füllung aus magerem Rindfleisch, einer *salamella* (weiche Schweinswurst), Pancetta, Butter, Olivenöl, Weißwein, Knoblauch, Zwiebeln, Rosmarin und Parmesan.

Alfabeto: Buchstaben, Suppennudeln.

Amoretti, Amorini: Herzen, groß/klein, Suppennudeln.

Amorosi grandi: Große Verliebte, Nudeln aus Neapel.

Aneletti: Ringe, großes Format, aus Sizilien.

– *›al forno‹:* ›***Aniletti ù furnu***‹ heißt ein Nudelauflauf, der aus gehacktem Rind- und Schweinefleisch, Zwiebel, Rotwein, Käse *(caciocavallo* und *primosale)*, Tomatenmark, geriebenem Brot und Öl zubereitet wird.

Anelli rigati, Anellini, Anelloni: Ringe, Suppennudeln in allen Größen; Ringe, gezackt.

Anelli siciliani: Die sizilianischen Ringe werden vorwiegend als Auflauf gegessen.

Angiolottus: Bezeichnung auf Sizilien für **Agnolotti** oder **Culingiones.**
Gefüllt sind sie auf der Grundlage von Fleisch oder Käse (frischer oder leicht gesalzener Ricotta, Pecorino, auch andere heimische Käsesorten).

Anolini: Teighütchen, gefüllt. Die frisch zubereitete *pasta fresca* nimmt in der Emilia-Romagna im täglichen Leben einen breiten Raum ein. Und doch bereiten die Frauen in der Emilia diese aufwendigen Nudeln nicht zu allen Gelegenheiten zu. Früher benötigten sie drei Tage für die Herstellung. Allein für die Füllung, das Braten und die Zubereitung verschiedener Fleischsorten *(stracotto)* war ein Arbeitstag vorgesehen. Herstellen, Ausrollen, Füllen des Teiges und Kochen einer guten Fleischbrühe waren Arbeiten, die die beiden anderen Tage in Anspruch nahmen. Heute geht es mit den Pastamaschinen etwas schneller; auch wird vielfach der Teig nicht mehr so lange geknetet, wobei man auch hier auf technische Hilfsmittel zurückgreift.
In der Region Parma nimmt man für die Füllung von einem guten Rinderschmorbraten nur die Fleischsoße, vermischt sie mit Parmesankäse, geröstetem und geriebenem Brot, einem Ei und Gewürzen sowie etwas Muskatnuß. Gekocht werden die Anolini vorwiegend in einer guten Fleischbrühe, in der man sie auch ißt.

Anolini *›alla parmigiana‹:* Mageres Rindfleisch, Pancetta, Butter, Gemüse zum Anbraten des Fleisches, Tomatenmark, geriebenes Brot und Parmesankäse, Fleischbrühe, Rotwein sowie Nelken, Zimt, Muskatnuß, Salz und Pfeffer für die Füllung. Traditionell werden die Anolini alla parmigiana in einer Fleischbrühe aus Rind und Kapaun mit viel Parmesan gegessen.

Anolini *›di magro‹: ›Di magro‹* bedeutet, daß die Füllung ohne Fleisch bereitet wird. In Castell'Arquato nimmt man für die Füllung eingeweichtes Brot, Eier, Parmesankäse und Gewürze.

Anvein: In Piacenza heißen die Anolini Anvein und sind meist klein und halbmondförmig.

– *›alla piacentina‹:* Die Füllung bereitet man aus Rindfleisch, Gemüse zum Anbraten, geriebenem Brot, Butter, Weißwein, Eiern, Parmesan oder Grana und Knoblauch nach Geschmack.
Traditionell werden die gefüllten Nudeln in einer Brühe aus Rind- und magerem Schweinefleisch und Kapaun gekocht. Man serviert sie auch in einer Soße aus Hühnerklein; oder in Pilz- und Tomatensoße und immer mit viel geriebenem Grana oder Parmesan.
In der *pianura padana* mußte auch die ärmere Bevölkerungsschicht auf die Anolini nicht verzichten. Sehr einfach haben sie die Füllung zubereitet, nur mit Brot und etwas Brühe, in der eine Salami *(salame cotto)* gekocht wurde, wenig geriebenem Käse und zwei Eiern. Gekocht und gegessen wurden die Nudeln in einer Brühe aus Gemüsen, Kapaunfüßen, Muskelfleisch und manchmal einem Markknochen. An besonderen Tagen aß man sie auch in Buttersoße, und wer Parmesan hatte, rieb sich ein wenig darüber.

Armellette, Armelline: Aprikosensteine, groß/klein.

Arselle: Miesmuscheln.

Assabesi: Hütchen, gewellt, nach der äthiopischen Stadt Assab benannt.

Attuppateddu: Ditalini oder **Lasagnette corte**.
Sie werden zusammen mit einem Bohnenpüree *(purea di fave)* gekocht und mit vielen Inselkräutern verfeinert. Die Bewohner der Stadt Catania nennen das Gericht nach den Bohnen, **Maccu** oder **Macco**, es gehört zu den Anfängen der sizilianischen Ernährungsgeschichte. Maccu ist für die Sizilianer auch ein Püree aus Hülsenfrüchten.

Avemaria: Eine kleine Nudelform, in Rom auch **Cannolicchi** genannt.
Sie werden entweder für Suppen oder mit
– *›fagioli e biete‹:* dicken Bohnen und kleinen Rübchen, eingelegten Sardellen, Olivenöl, Knoblauch, Rosmarin und Pfeffer zubereitet.

B

Ballerine: Tänzerinnen, gewellte Spitztütennudeln aus Neapel.

Barbagiuai, Barbagiuan: Ravioli (auch mit Kürbisfüllung) aus Ligurien. Sie werden in Öl ausgebacken und sind eine Spezialität aus der Gegend um Ventimiglia.

Barbine: Bärte, kleine Nudeln.

Bardele: Lasagne.

Bassotti: Tagliatelle.

Bastoncini: Stöckchen, kurze Nudelsorte.

Bauletti: Ravioli, groß und rund, aus dem Friaul.
– *›di carne‹:* Für die Füllung nimmt man Ricotta, Gruyère, gekochten und rohen Schinken, Parmesan, Eier und Petersilie. Dieses alte Rezept kommt aus Triest, stammt aber wohl aus Deutschland, wo man die Ravioli Schlickkrapfen nennt. Charakteristisch an der Füllung ist, daß sie nur aus Käse und Schinken besteht. Gegessen werden sie üblicherweise in Fleischbrühe.

Bavette: Lange, flache Nudeln aus Ligurien und Apulien, wie **Trenette.**
– *›in salsa d'uovo con cipolla‹:* Mit einer Soße aus Eiern, Zwiebel, Sardellen, Käse (Parmesan und Pecorino), Mozzarella und Butter.
– *›ai funghi‹:* Mit Pilzen, Tomaten, Zwiebel, Basilikum, Petersilie, Weißwein.

Bavettine: Lange, flache Nudeln, wie **Linguine**. Sie sind in der Toskana verbreitet.
– *›sul pesce‹:* Eine Livorneser Spezialität aus verschiedenen Fischen, Kräutern und Gemüsesud. Die Nudeln werden im Fischkochwasser gegart.

Bavettine nidi: Bavettine im Nest.

Bifore: Zweibogige Fenster, zweigeteilte, kurze Nudeln.

Bigoli: Spaghetti, dick. Außer in der Lombardei trifft man vor allem auch im Veneto auf diese großen und dicken Spaghetti.
In anderen Regionen sind sie im Handel unter den Spezialsorten zu finden.
Für besondere Anlässe wird auch heute noch in vielen Haushalten die Spezialpresse *(bigolaro* oder *torchio)* aus dem Schrank geholt, um die Bigoli nach alter Tradition herzustellen.

Bigoli mori (scuri/neri): Früher war es üblich, sie während der Bußtage, am Heiligabend, am Aschermittwoch, am Karfreitag und meistens freitags zuzubereiten; es wurde ausschließlich Vollkorn-Weizenmehl verwendet.
In der Lombardei sind zwei Rezepte verbreitet:
– *›con le sardelle‹:* Frische Sardellen, Knoblauch, Olivenöl für die Soße. Als Variation nimmt man auch hier gern Petersilie und Thunfisch dazu.
– *›salsa con pancetta e fagioli‹:* Mit Bauchspeck und Bohnen. In Mantua gilt noch heute der Spruch »*andiamo a bigoli*«, was soviel heißt wie »Gehen wir zu einem guten Essen«.
In Venetien ißt man die Bigoli *(bigo'li* oder *bigoi)* auf viele verschiedene Arten.
Sie gehören heute zu den typischen Gerichten der venezianischen Küche; so braucht es nicht wie früher einen besonderen Anlaß, um sie zuzubereiten. In vielen Restaurants sind sie immer auf der Speisekarte zu finden.
Der Teig wird nach dem Grundrezept mit Vollkornmehl, wenig Eiern, lauwarmem Wasser und Salz hergestellt. Doch mittlerweile ist man mehr und mehr dazu übergegangen, weißes Mehl zu nehmen.
– *›in salsa‹:* Aus süßlichen Zwiebeln (denen aus Venedig oder Chioggia) eine Creme bereiten und mit Olivenöl und gesalzenen Sardinen vermischen. Verändert werden die Zutaten heute, indem man statt Sardinen Sardellen in Öl benutzt und manchmal auch etwas Thunfisch und Kapern beigibt.
– *›all'ebraica‹:* Hier nimmt man statt der Zwiebeln Knoblauch.
Man sagt, daß die im venezianischen Ghetto lebenden Juden die Bigoli erfunden haben.
– *›co' l'anara‹ (con l'anatra):* Zubereitet wird diese Spezialsoße in Thiene (Valle del Chiampo, Colli Berici und Lessini) mit einer jungen Ente, Öl, Zwiebeln, Karotten, Stangensellerie, frischem Salbei und Parmesan.
In der Provinz Vicenza ist es von jeher das große Festgericht der »Madonna del Rosario« (Rosenkranzmadonna) gewesen. »*Anara lessa e bigoli tondo per Rosario contenta il mondo.*«
– *›con molluschi‹:* Mit verschiedenen Muschelsorten, Öl, Knoblauch, Petersilie und Basilikum.
– *›col pòcio‹:* Mit einer Soße aus gehacktem Kalb- und Schweinefleisch, Sellerie, Karotten und Zwiebeln.
Beide Rezepte sind in Venedig bekannt.
– *›coi rovinazzi‹:* In Padua bereitet man ein Ragout aus Hähnchenlebern, Hühnerklein und Hahnenkämmen *(regaglie* heißen im Dialekt *rovinazzi),* Öl und Butter sowie Salbeiblättern zu und ißt es mit den Nudeln und viel Parmesan.

Blisgon: **Scivoloni**, gefüllt, rechteckig, an den Ecken eingeschlagen. Eine Spezialität aus der Lombardei und der Emilia. Die Füllung besteht aus Kürbis, zerriebenem Gebäck, Amaretti, einem Stück Apfel oder Birne, Muskatnuß und Parmesan.

Bombardoni: Baßtuben, kurze Nudeln, dick und gerillt.

Borsottou: Ravioli. Es sind gefüllte und fritierte Teigtaschen, die an die **Barbagiuan** der Riviera und der Côte d'Azur, oder auch an die **Gattafuin** der Riviera di Levante erinnern. Möglich ist, daß der Name von *borsa/borsetta* (als ›gepackter‹ Tasche) abgeleitet wurde, denn den jungen Männern, die zum Militär eingezogen wurden, bereitete man neben einer gepackten Tasche auch diese Pasta zu. Die Borsottou waren ebenso ein traditionsreiches Essen bei Festen für Einheimische und Gäste in der kleinen französischen Grenzstadt Breil-sur-Roya. So hat sich das Rezept durch die Nähe zu Ligurien auch hier verbreitet.

Brignoli: Hausgemachte Nudeln aus der Toskana, ähnlich wie **Tagliolini.**
In San Sepolcro nimmt man frische aromatische Tomaten, toskanisches Olivenöl, Knoblauch und Basilikum für die schmackhafte und schnell zubereitete Soße.

Bruchi lisci: Raupen, kleine Nudeln, glatt, innen hohl. Sie sind auf Sizilien verbreitet.

Brudisigli: Eine andere Bezeichnung in den Abruzzen für **Maccheroni alla chitarra**.
– ›*zuppa con la pasta*‹: Die Nudeln werden gekocht und dann in einem *soffritto* geschwenkt und mit Pecorino gegessen. Man gab dieses Gericht schwangeren Frauen, damit sie gut auf ihre Stillzeit vorbereitet waren.

Bucatini: Dicke Spaghetti aus dem Latium und aus Kalabrien.
– ›*alla carbonara*‹: oder wie man im alten Rom sagte ›alla sangiovannara‹. Ein Gericht, das über alle Grenzen hinweg bekannt und in unterschiedlicher Zubereitung mal mit Spaghetti oder Spaghettoni zubereitet wird. Die früher in den Wäldern der Apenninen arbeitenden Köhler haben ihre Carbonara übrigens mit Penne, einer kurzen Pastasorte zubereitet. Bauchspeck, Eigelb oder ganze Eier, geriebener Parmesan und Pecorino, viel schwarzer Pfeffer, auch Knoblauch und manchmal Petersilie sind die Grundzutaten für die Soße. Anstelle von Schmalz wird heute vielfach Olivenöl oder Butter gebraucht.
– ›*alla matriciana*‹ (›*all'amatriciana*‹): Eine nicht zu sehr gesalzene Schweinebacke (ohne Schwarte), Öl oder Schmalz, Peperoncino und Pecorino sind die Zutaten für dieses traditionelle Gericht.
– ›*con arrosto e scamorza*‹: Mit Braten und Scamorzakäse. Das Bratenfleisch (Reststücke vom Sonntagsbraten) zusammen mit dem Käse in kleine Würfel schneiden; ein *soffritto* bereiten, grüne Oliven, frische Tomaten und Kräuter zugeben, kurz aufkochen und mit den gekochten Nudeln überbacken.
– ›*con la mollica*‹: Aus Olivenöl, dunklem, altbackenem und zerbröseltem Brot, Sardellen in Salz und schwarzem Pfeffer eine Soße bereiten. Als Variante gibt man Kapern und schwarze Oliven dazu.

Busiati: Auch **Gnòcculi** oder **Maccarrùma**.
Mit einer Spezialstricknadel, der *busa*, werden die hausgemachten Nudeln auf Sizilien hergestellt. Sie sehen aus wie lange hohle Grissini, die dann auf eine Länge von 10 cm geschnitten werden.
– ›*al ragù di maiale*‹: Der Teig wird mit Mehl, Eiern und Wasser bereitet. Für das Ragout verwendet man halb Rind- und halb Schweinefleisch, auch Speckschwarte, Knoblauch, Zwiebeln, Tomatenmark und frische Tomaten, Petersilie und Basilikum, Lorbeerblätter, Rotwein und Olivenöl.

C

Caicc: Riesen-Ravioli aus der Lombardei. Die Füllung besteht aus Rinderschmorbraten und Grana. Man nimmt auch die *salamin d'la duia*, eine in Fett konservierte und in einem Terrakotta-Gefäß aufbewahrte Spezialwurst.
Serviert werden diese riesigen Ravioli in Breno/Val Camonica meist mit zerlassener Butter und viel geriebenem Käse.

Calascioni: Ravioli aus dem Latium. Mit einer Füllung aus Ricotta und Kräutern.

Calzoncini (u cazini): Halbmondförmige oder rechteckige gefüllte Nudeln, aus der Basilikata. Für die Füllung nimmt man Ricotta, etwas Zucker, Zimt, Muskatnuß, Vanille, Eier.

Campagnole: Landnudeln, kurz. Sie sind in Ligurien verbreitet.
– ›*al pomodoro con basilico*‹: Mit dem kräftig schmeckenden ligurischen Basilikum und einer sehr intensiven Tomatensoße.

Canederli: Gnocchoni, rund, wie Knödel.
Sie sind im Alto Adige und Trentino verbreitet und werden aus Mehl, Brotkrumen, Safran, Eiern, Milch, Schweinefleisch, Käse und Petersilie hergestellt und in einer Brühe, mit Gulasch oder mit geschmolzener Butter serviert.

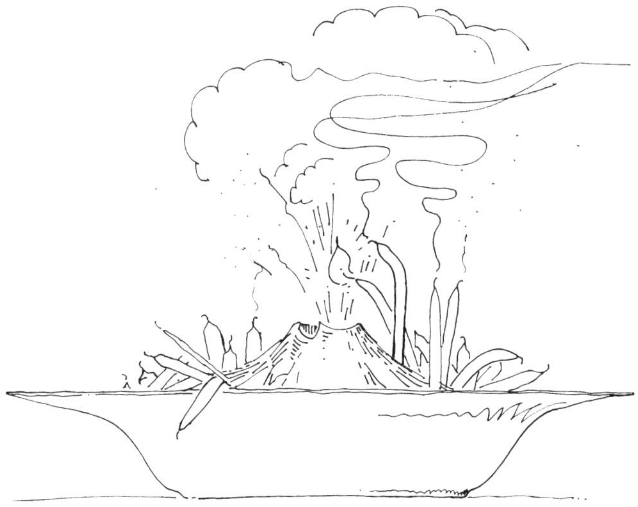

Candele: Kerzen, Röhrennudeln, dick, wie **Zitoni**
In Kampanien werden sie mit dem neapolitanischen Ragout zubereitet.
– *›ragù alla napoletana‹:* Zu den dicken Nudeln paßt ein kräftiges Ragout aus Rind- und Schweinefleisch, den intensiv schmeckenden Tomaten »San Marzano«, Knoblauch, Speck, Petersilie, Pinienkernen, Rosinen, Rotwein und viel geriebenem Käse. Das Ragout sollte bei sehr kleiner Hitze mehrere Stunden gekocht werden.

Canestri, Canestrini: Körbe, kleine Körbe, Suppennudeln, randgezackt.

Cannaroni, Canneroni, lisci/rigati: Zahnnudeln, kurz und leicht gebogen, glatt/gerillt.

Cannelli Ziti, Zitoni: Röhrennudeln, kurz, mit glattem Schnitt an beiden Seiten.

Cannelloni: Große Röhrennudeln aus dem Piemont. In Limone serviert man sie mit einer Füllung aus Kalbsbraten, Spinat, gekochtem Schinken, Parmesan, Butter, Ragout und Eiern, begießt sie dann mit einer guten Béchamelsoße und überbackt sie im Ofen.

Cannelloni da ripieno: Röhrennudeln, besonders groß zum Füllen.

Cannelloni *›alla siciliana‹:* Der Teig wird nur aus Hartweizenmehl bereitet.
Rinderschmorbraten und Eier für die Füllung, mit der Fleischsoße begossen und überbacken; zum Schluß mit rohen Eiern bedeckt und nochmals kurz in den Ofen geschoben.
– *›con ricotta e salsiccia‹:* Mit einer Füllung aus Ricotta und einer weichen Schweinswurst.

Canneroni, mezzi canneroni/rigati: Pastasorte aus Gragnano, glatter Schnitt an beiden Seiten, kurz/gerillt.

Cannolichi piccoli, medi, grandi, lisci/rigati: Zahnnudeln, die gern für Suppen verwendet werden; glatt/gerillt.

Cantaroggini: Maccheroni aus Apulien und Süditalien.

Capelli d'angelo: Engelshaare oder **Spaghettini**.

Capellini d'angelo: In Sizilien verbreitet.
Mit diesen Engelshaaren oder auch mit Vermicelli oder Spaghettini kann man die ausgezeichnet schmeckenden *involtini* (Nudelrouladen) zubereiten. Man benötigt dazu Auberginen, Ricotta, Tomatensoße, Parmesan, viel Basilikum, gutes Olivenöl und viel Pfeffer. Die nicht ganz gar gekochten Nudeln werden mit der Hälfte einer Tomatensoße und dem Ricotta vermischt, in lang geschnittene, fritierte Auberginenscheiben eingerollt, in einer Auflaufform mit der restlichen Soße und reichlich Parmesan überbacken und zum Servieren mit frischem Ricotta und dem Basilikum garniert.

Capellini: Sehr dünne Pasta, lang.
– *›in brodo‹:* Sie werden gern in einer kräftig schmeckenden Fleischbrühe gegessen.

Capellini a nido: Sehr dünne Pasta im Nest.

Capellini tagliati: Sehr dünne Pasta, kleingeschnitten.

Capelvenere: Venushaare, dünne Fadennudeln für die Suppe.

Cappellacci: Der große Bruder der **Cappelletti** oder der Cousin der **Tortelli.**

In der Emilia-Romagna werden die **Cappellacci** *(›i caplaz‹)* mit Kürbis gefüllt. Diese Passion der Ferrareser geht auf eine lange Tradition zurück und hat damit zu tun, daß man viele Speisen gern ›süß‹ aß. Vielleicht war es auch die Nähe zu Mantua, denn am Hof der Gonzaga war es von jeher üblich, die Füllung der dortigen **Tortelli** aus Kürbis, Amaretti, Zitrone, süßlichen Senffrüchten zu bereiten. Doch sind die Cappellacci *›alla ferrarese‹* wesentlich einfacher und ›ärmlicher‹, ihre Teighülle ist etwas dicker als die der aus Mantua.
– *›con la zucca‹:* Gelber, reifer Kürbis, Butter, Parmesan, Eier, geriebenes Brot und Muskatnuß sind die Zutaten für die Füllung.
– *›di castagne‹:* Eine Füllung aus Eßkastanien, Schweinswürstchen, Parmesan und Eiern. Sie werden oft mit einer Soße aus Würstchen, Tomaten, geriebenem Käse und Öl angerichtet.

CANNELLONI
(GROSSE RÖHREN NUDELN)

Cappelasci: Lasagne, groß, aus Ligurien.

Cappelletti: Teighütchen, die wie kleine Carabinieri-Hüte aussehen; sie ähneln den **Anolini**.
Die Emilia-Romagna und dort speziell die Städte Parma, Bologna, Ravenna, Reggio Emilia und Modena sowie deren Umgebung sind besonders bekannt für ihre selbstgemachten Cappelletti.
– ›*di Reggio Emilia*‹: Die Füllung dieser Cappelletti unterscheidet sich von den anderen aus der Region. Kapaun- oder Hühnerfleisch wird hier so gut wie nie benutzt. Dafür aber Kalb-, Rind- und Schweinefleisch. Die Brotbrösel sind sehr wichtig. Zudem werden Parmesan und etwas Butter sowie roher Schinken, der der Füllung einen kräftigen Geschmack verleiht, beigegeben.
In einer sehr intensiv schmeckenden Fleischbrühe mit viel geriebenem Parmesan werden die Teighütchen traditionsgemäß gekocht und bevorzugt damit gegessen. Doch bietet man sie auch mit Tomatensoße oder Ragout an.
– ›*brodo con cappelletti di Mirandola*‹: Für die Füllung nimmt man Schweineschmalz, geriebenes Brot, Parmesan, Eier und Muskatnuß. In einer konzentrierten Fleischbrühe werden die Cappelletti gekocht und darin auch gegessen.
Mit Käse bestreut sind sie eine Spezialität, die in Modena bei keinem Weihnachtsessen fehlen darf.

Cappelletti aus der Toskana: Die Cappelletti ›*toscani*‹ nennt man hier auch **Tortelli.**
Im Unterschied zu denen in der Emilia-Romagna nimmt man hier weniger Eier. Auch die Füllung ist nicht so fett und daher besser bekömmlich.
In Arezzo wird die Füllung aus Kalbfleisch, Bries, Hühnerfleisch, Suppengemüse, Eiern, Parmesan, Gewürzen, eingeweichtem Brot und Vinsanto (Dessertwein) bereitet. Angerichtet werden sie meist in Fleischbrühe oder mit Tomatensugo.

Cappelletti aus den Marken: In Pesaro verwendet man für die Füllung Kapaunfleisch (ersatzweise Truthahn), Schweinebraten und Rindermark, Eier und die üblichen Gewürze. Das Ganze wird mit Zimt und Zitronenschale sowie Muskatnuß abgeschmeckt und gerne in einer herzhaften Fleischbrühe serviert.
Die Cappelletti gehörten schon 1640 zu den unerläßlichen Gerichten üppiger Menüfolgen. Doch damals waren sie in den Marken unter dem Namen *anolini* bekannt (lat. *anulus* = *anello*), deren runde Form unverändert geblieben ist. Im 17. Jahrhundert, so ist nachzulesen, waren schon viele Hände und zwei Tage nötig, die gefüllten Teigtaschen zuzubereiten. Heute sind es besondere Anlässe, wie Weihnachtstage oder Jahreswechsel, auch bestimmte Kirchenfeste und lieber Besuch, die die Frauen veranlassen, sich stundenlang in die Küche zu stellen, den Teig zu kneten, Füllungen zu bereiten und die Nudeln zu formen.

Cappelletti aus Umbrien: Mit einer Fleischfarce aus mageren Fleischsorten (Kalb, Truthahn, wenig Schwein), Hirn, Schinken, Nelkenpulver, Zimt, Muskatnuß, Eiern und Parmesan bereitet man sie in Gubbio. In einer Fleischbrühe (am besten Huhn) kochen und darin servieren.

Cappelletti umbri: Industriell hergestellte Pasta aus Neapel, klein, rund, mitunter gezackt, ungefüllt.

Cappellettini: Winzigste Ausführung der Cappelletti, ungefüllt, Suppennudeln.

Cappelloni: Große Ausführung der **Cappelletti**, wie **Caicc.**
Die Füllung besteht aus geschmortem Fleisch und Schweinswurst, die in Schmalz konserviert wird. Mit Sugo oder zerlassener Butter werden sie serviert.

Cappellotti: Industriell hergestellte Pasta aus Neapel, kleine Quadrate.

Capricciose: Halbe Kringel, Suppennudeln.

Capunti paesani: Spezialsorte aus Apulien.

Carrati: In Penne, einem Ort in den Abruzzen, nennt man sie auch **Maccheroni alla chitarra**.

Caserecce: Hausgemachte Nudeln, wie **Tagliatelle**, nur mit einer Wellung an beiden Enden.

Casonziei, Casunziei o Casumzieei: Ravioli, groß, halbmondförmig.
Es handelt sich um besondere, aus Venetien stammende, gefüllte Teigwaren.
– ›*bellunese*‹: In Belluno besteht die Füllung aus Kürbis oder Spinat, gekochtem Schinken, Parmesan,

Eiern und etwas Zimt. In Salzwasser gekocht, werden sie mit geräuchertem Ricotta angerichtet.
– *›ampezzani‹:* In Cortina d'Ampezzo bereitet man die Füllung mit roter Bete, geräuchertem Ricotta, Butter, geriebenem Brot und einem Ei. Manche mögen die Füllung auch mit einer gekochten und zerdrückten Kartoffel.
Aus weißem Mehl, Milch, Eiern und Salz knetet man den Teig.
Mit den typischen Käsesorten der Region (Carnia), geschmolzener Butter und im Mörser zerstoßenem Mohn, den man auch leicht rösten kann, werden die Casumzieei angerichtet.

Casônsèi, Calzoncini o Cassoncini: Ravioli, groß, rechteckig, leicht gebogen.
Sie sind in der Lombardei beheimatet, man kennt diverse Füllungen und man kann sagen, daß sie in jeder Familie anders zubereitet wird.
In Bergamo besteht die Füllung überwiegend aus einer Rindfleischfarce, man nimmt aber auch gelegentlich Kalb- und Hähnchenfleisch.
In Brescia setzt sie sich aus Kartoffeln, Spinat, Schweinswürsten, Mortadella, Käse, Butter, geriebenem Brot und *erba di S. Pietro* oder anderen zum Teil bitter schmeckenden Kräutern der Region zusammen.
Teig: Auf 100 g Mehl nimmt man 1 Ei und etwas Salz.

Cassoncelli: Es ändern sich von Region zu Region die Formen und Füllungen dieser Ravioli. Doch hier im Camonicatal sehen sie so aus, daß man sie für Gebäck halten könnte.
Die Füllung besteht halb aus gekochten Kartoffeln, halb aus grünem Gemüse (z. B. Spinat), Brotkrumen, Schweinswürstchen, Mortadella, viel Petersilie, Parmesan, Lauch oder Zwiebeln, Knoblauch, Speck oder Butter und einem Ei.

Castellane: Muscheln, länglich, gerillt.

Cavatappi: Korkenzieher, zweimal gedreht und gerillt.

Cavatelli: Hausgemachte **Gnocchetti** aus der Region Molise.
Sie sind schneckenförmig, innen hohl und denen aus Apulien und Kampanien ähnlich.
– *›al ragù‹:* Sie werden mit einem Ragout aus Lammfleisch gegessen.

Cavatieddi, Cavatielli: Eine Art **Gnocchetti**, auch Spätzle.
In Apulien ißt man sie gern mit
– *›ricotta tosta‹:* einem gesalzenen Hartkäse, der dem Pecorino ähnlich ist, und natürlich mit Öl und einer guten Tomatensoße.

Cecatelli: Gnocchetti aus Kampanien.

Cellentani: ›Korkenzieher‹, hohle und kurze Nudeln.

Cestini: Körbchen, Suppennudeln.

Chiama vinu: Pastagericht aus Sizilien.
Die Bezeichnung läßt nicht auf die Zubereitung schließen, sondern auf das, was man dazu trinken muß: viel Rotwein – chiama vino!
Auf dem Festland heißt dieses Gericht **Pasta con la mollica.**
Neben einer kurzen Pastasorte gehören Anchovisfilets, Öl und Brotkrumen zu den Zutaten.

Chiancarelle, Chianchiarelle: Hausgemachte Nudeln, wie **Orecchiette**, nur kleiner; aus Apulien.
In Foggia werden sie bevorzugt mit
– *›cime di rapa‹:* den Rübensprossen gegessen. Die Nudeln werden zusammen mit dem Gemüse gekocht und dann mit in Öl gebratenen Sardellen, Knoblauch und Peperoncino vermengt.

Chifferi: Hörner.

Chifferini rigati: Hörner, gerillt.

Chifferini, Chifferoni: Hörner, klein/groß.

Chifferotti: Hörner, groß, wie **Gomiti**.

Chiocciole: ›Weinbergschnecken‹.

Chioccioloni: ›Weinbergschnecken‹, groß.
Sie sind besonders in der Toskana verbreitet.
– *›al funghetto‹:* Mit einer Soße aus Steinpilzen, frischen Tomaten, Knoblauch, Weißwein, Petersilie, Brühe, Parmesan.

Cialzòns, Cjalzon, Cjarsòns: Es sind die **Agnolotti** aus dem Friaul.
Gefüllt werden die handflächengroßen Cialzòns in der Mitte zusammengeklappt und in der Rundung angedrückt.
In den Karnischen Alpen wird für die Füllung dieser Teigtaschen kaum Fleisch verwendet.
Gewöhnlich nimmt man sieben verschiedene frische Kräuter, darunter Majoran, Petersilie, Basilikum, Salbei, Zitronenmelisse und kleine Minze, aber auch viele der wildwachsenden Kräuter aus der Gegend, wie z. B. *erba luisa.*
Sie sind so, ohne Fleisch und Wurst, ideal für Fastentage; besonders gern ißt man sie am Weihnachtsabend.
– *›di Carnia‹:* Auch ›ciargnei‹ genannt.
Spinat, geriebene Schokolade, Rosinen, Zitronat, geriebenes Schwarzbrot, Ei, etwas Zucker, Petersilie und Zimt ergeben die Füllung für die halbmondförmigen **Cialzòns**. Man ißt sie mit geräuchertem Ricotta, der vor dem Übergießen der

flüssigen Butter großzügig darüber gerieben wird. Zusätzlich kann man Birnen oder Äpfel, Susinen oder Pflaumen, aber auch Spinat oder Kartoffeln hinzufügen.
– *›di Planure‹:* Für die Füllung verwendet man Hirn, Hähnchenfleisch, Eier, Parmesan und Muskatnuß.
– *›di Timau‹:* Für die Füllung werden Kartoffeln, Zwiebel, Butter, Petersilie, Zucker, Zimt, Cognac, frische Minzblätter und Parmesan vermengt.
Die fertigen Teigtaschen kocht man dann in einer Fleischbrühe und serviert sie mit flüssiger Butter und viel Parmesan.

Ciceri e trii: Schmale **Tagliatelle** aus Hartweizen mit Kichererbsen, aus Apulien.

Ciciones: Gnocchi, bohnengroß.
Sie sind auf Sardinien verbreitet.
In Sassari werden die Ciciones, auch **Gnocchi sassarese**, mit *semola* (Hartweizenmehl), Safran, Salz und Wasser bereitet; gegessen werden sie mit einem *sugo di carne* (Fleischsoße) und viel sardischem Pecorino.

Cimieri: Helmschmuck.

Cinesi, Cinesini: Chinesen, kleine Muscheln.

Cinquebuchi: Spezialsorte aus Sizilien.
Diese Fünf-Loch-Nudeln werden nur einmal jährlich zu Karneval hergestellt und mit einer Tomatensoße zubereitet.

Ciocchetti: Röhrenförmige, industriell hergestellte neapolitanische Nudelsorte.

Cioncioni: Es handelt sich um **Tagliolini** aus den Marken.
In Pesaro besteht der Teig aus Weizen- und Bohnenkernmehl *(farina di fave)* und Eiern.
Dazu bereitet man eine Soße aus Speck, Würstchen und Tomatenscheiben; oder man ißt sie in einer Fleischbrühe.

Cirillini: Gekrauste Haarlocken, kleine Nudeln.

Ciriole, Ceriole: Hausgemachte dicke Spaghetti aus Umbrien.
Der Teig besteht aus Hartweizenmehl, Öl und Wasser. Mit den Händen wird er in lange Stricke gezogen, die man locker auf eine Stricknadel aufrollt und wieder abzieht.
In Perugia, Orvieto und Terni ißt man die Ciriole bevorzugt
– *›all'aglio‹:* mit einer Knoblauchsoße und viel Käse.
– *›alla ternana‹:* Mit einer Trüffelsoße oder einer Soße aus grünen Spargelspitzen, immer mit viel Pecorino bedeckt.

Ciufuletti, Ciufolitti: Der Name leitet sich von *zufolo, ›ciufolo‹* (Hirtenflöte) ab.
Diese Nudeln werden noch in manchen Haushalten in den Abruzzen und im Latium bereitet. Zehn Zentimeter lange dünne Teigstücke wickelt man um ein Holzstäbchen. Sie erinnern an dicke Spaghetti, sind aber sehr viel kürzer.
In Aquila bevorzugt man dazu ein Ragout aus verschiedenen Fleischsorten: Ziege, Lamm und Hammel.
In Rom hingegen nur mit einer Fleischsorte:
– *›al ragù‹:* mit Hammelfleischragout und Pecorino.

Cocciolette mezze: Muscheln, Zwischengröße.

Cocciolette, Coccioline: Muscheln, klein.

Conca d'oro: Muscheln, groß, goldgelb.

Conchiglie: Muscheln, groß.

Conchigliette: Muscheln, auch für Suppen.

Conchiglioni: Muscheln, groß.

Coquilettes: Französische Hörnchen, klein, aus Neapel.

Coralli, Corallini: Korallen, Suppennudeln.

Cornetti: Hörrohre.

Corni di bue: Ochsenhörner.

Corzetti, Crosetti: Teigwaren aus Ligurien.

Corzetti ›stampati‹: Kleine Teigbällchen, die man durch Fingerdruck zu einer Acht formt. Viele Familien bereiten sie noch von Hand, doch sind sie inzwischen auch in das Programm vieler Teigwarenhersteller aufgenommen worden.
Es gibt aber auch die runden, flachen Corzetti. Sie sollen im 13. und 14. Jahrhundert in der Republik Genua eingeführt worden sein. Damals wurden Münzen als Prägestempel benutzt. In eine Holzform eingepaßt, hat man sie auf den ausgerollten Pastateig gedrückt, und somit war ihr Motiv auf den Corzetti geprägt. In adligen Familien war auch verbreitet, den Holzstempel mit dem Familienwappen herstellen zu lassen.
Der Teig wird heute aus Hartweizenmehl mit einem sehr geringen Anteil an Roggenmehl, Eiern und Wasser zubereitet. Münzen werden nicht mehr benutzt, dafür aber Holzstempel, die in unterschiedlichen Motiven in und um Genua im Handel sind.
Bevorzugt ißt man die Corzetti mit frischem Majoran, Pinienkernen, ligurischem Olivenöl und Grana reggiano, aber auch in Pilz- oder Fleischsoße.

– ›*alla polceverasca*‹: Von Sampierdarena (Genua) zieht sich das Polcevera-Tal bis nach Pontedecino hinauf. In den Haushalten dort macht man heute noch vorzügliche Corzetti mit einer Soße aus Walnüssen, Pinienkernen, frischem Majoran, Butter, Olivenöl, Pfeffer und Parmesan.

Cravattine: Krawatten, klein.

Cresc'taiat: Quadrelloni aus den Marken.
In S. Costanzo di Pesaro werden diese Nudeln nur mit Maismehl hergestellt; man ißt sie mit Tomatensugo oder in einer Fleischbrühe.

Creste: Kämme.

Creste di gallo: Hahnenkämme, die am oberen Rand ein leicht gekräuseltes Band haben.

Crestine: Wie Spaccatelle.

Crosetti: Hausgemachte Nudeln, ungefüllt.
In der Emilia-Romagna trifft man in einigen Haushalten noch auf ein besonderes Gerät, mit dem die Crosetti gepreßt werden, um damit eine besondere Prägung bekommen. Es funktioniert ähnlich wie ein Waffeleisen; die Nudeln sind etwa vier Zentimeter groß.
Als Soße dazu eignet sich ein Fleischragout oder zerlaufene Butter mit frischem Majoran.
Auf Sizilien gibt es die Crosetti
– ›*alla siciliana*‹: In einer mit Schmalz ausgeriebenen Auflaufform werden die Nudeln mit Ragout und viel *caciocavallo* (Käse) überbacken.

Culingiones: Ravioli, rund oder quadratisch, aus Sardinien.
Sie gehören zu den ältesten Gerichten der Insel und sind in vielen Provinzen verbreitet.

Culurzones: So nennt man sie in und um Sassari.

Culurjones: Sie heißen so in und um Nuoro.

Culigiones: ist die Bezeichnung in und um Cagliari.
Vorwiegend aus frischem Pecorino, Spinat oder Mangold, Eiern, Butter, etwas Mehl, Safran und Muskatnuß wird die Füllung bereitet.
Der Teig besteht aus Hartweizengrieß und Eiern.
Mit einer anderen Füllung nennt man sie **Spighitta**.
Nach der Annexion durch das Piemont des Vittorio Amadeo II. von Savoyen (1720) ist auch die Bezeichnung **Angiolottus** üblich.
Auf Sardinien kennt man außerdem noch eine süße Variante dieser gefüllten Teigtaschen. Aus Mandeln, Puderzucker, Orangenblüten-Wasser, Vanille und Zitrone besteht die Füllung. Fritiert können sie warm oder kalt gegessen werden.

Cuoretti: Herzen, Suppennudeln.

Cuoricini: Herzen, klein, Suppennudeln.

Cunsia: Allgemeiner Begriff für Pasta in der Lombardei.

Denti di cavallo/rigati: Pferdezähne/gerillt.

Denti d'elefante/rigati: Elefantenzähne/gerillt.

Denti di pecora/rigati: Schafszähne/gerillt.

Diavoletti, Diavolini/rigati: Teufel/gerillt.

Dischi volanti: Fliegende Untertassen, klein, wie ungefüllte **Cappelletti**.

Ditaletti: Fingerhüte, klein.

Ditali: Fingerhüte.
In Ligurien sind es schräg abgeschnittene, kurze Röhren. Man ißt sie bevorzugt
– ›*con le olive*‹: mit einer Soße aus den kleinen aromatischen ligurischen Oliven, Tomaten, Knoblauch, Zwiebeln, gelber Paprika, Petersilie, Basilikum und Olivenöl.

Ditali elicoidali: Röhren, kurze Nudeln, mit leicht schraubenförmiger Einrillung.
Sie sind überwiegend in Sizilien zu finden.

Ditalini rigati: Fingerhüte, gerillt.

Ditaloni: Fingerhüte, groß.

Doppio zero: Doppelte Null, klein.

Eliche, grandi: Schrauben, groß, wie **Fusillone**.

Elicoidali/tricolore: Röhren, mit leichter schraubenförmiger Kurve/auch dreifarbig im Handel.

Fagiolini/rigati: Bohnen, klein/gerillt.

Fagottini: Ravioli, kleine Bündel aus dem Piemont.
In der Provinz Langhe nimmt man für die Füllung Fontinakäse, Eier, Butter, Mehl, Milch, Knoblauch und Parmesan.
Der weiße Trüffel aus dem Piemont wird am Tisch darüber gehobelt.

Farbella: Gewellte, leicht gebogene, fast gekräuselte Nudeln.

Farfalle: Schmetterlinge.

Farfalle genovesi: Genuesische Schmetterlinge.

Farfalle tricolori: Dreifarbige Schmetterlinge.

Farfalle aus Sizilien.
– ›*al ragù di fave e gamberi*‹: Mit Bohnenpüree (Saubohnen), Krebsschwänzen, Schalotten, Olivenöl und Butter, rotem Pfeffer, Basilikum und etwas Parmesan.

LE FARFALLE

Farfalline, Farfallette, Farfalloni: Schmetterlinge, klein, groß.

Fazzoletti di seta: Seidentaschentücher, Lasagne für Aufläufe.
Sie sind weitgehend in Ligurien verbreitet.

Fedelini, Fidelini: Dünne, lange Nudeln, wie **Capelli d'angelo**.

Fenescècchie: Hausgemachte Nudeln, lang, mit Loch.
Sie sind in Süditalien beheimatet.
Es handelt sich um **Maccheroni**, die mit einer Stricknadel hergestellt werden.

Festonati: Girlande, Spezialsorte, Lasagne.

Festoncini: Kleinere Girlande.

Fettucce, Fettuccine/a nido: Bandnudeln, breit, wie **Lasagnette**/im Nest.

Fettucce romane: Bandnudeln, römische.

Fettucce a nido: Breite Bandnudeln im Nest.

Fettuccelle nidi: Bandnudeln im Nest.

Fettucce, Fettuccelle ricce: Bandnudeln, an einer Randseite gekräuselt.

Fiammelle: Rhombenförmige, am Rand leicht gewellte Nudeln.

Fiammiferi: Streichholznudeln.

Fide: Schnüre, dünn.

Fide bucati: Schnüre, mit Loch.

Fideli bucati: Schnüre, mit Loch.

Fideli, Fidelini bucati: Schnüre, dünn/sehr dünn, mit Loch, aus Ligurien.

Filatelli, Filadieddi: Gesponnene Fädchen, wie **Spaghettoni.**
Man nennt sie in Kalabrien auch **Minnicchi.**

Fili d'oro: Goldfädchen.

Filini: Fädchen.

Fiocchetti: Schleifchen.

Fiori di Sambuca: Sambuca-Blumen, Sternchen für die Suppe.

Fischioni/rigati: Pfeifen/gerillt, wie **Cornetti.**

Fischiotti/rigati: Pfeifen, groß/gerillt, wie große **Cornetti.**

Follettini: Kobolde, kleine Nudelsorte.

Foratini: Lochnudeln, lang, wie **Fidelini bucati.**

Francesine: Französinnen, kleine Krawatten.

Frascatelli: Wie Spaghetti, aus dem Latium.

Fregnacce: Wie Spaghetti, aus dem Latium.

Fregolina: Eine Minestra mit winzig kleinen Teigbällchen aus Hartweizengrieß.
Sie wird besonders in Sizilien aufgetischt.

Frese, Fresine: Gefräste Nudeln, lang.

Fricielli: Handgemachte Nudeln aus Neapel.

Frittata: Nudelomelett.
In allen Regionen Italiens gibt es für die Verwertung von Nudelresten ein besonderes Rezept. Ob die Frittata aus Spaghetti, Vermicelli, Maccheroni oder Penne besteht, zusammen mit verschiedenen Kräutern, Eiern, auch mit Gemüse sind sie in Öl, Schmalz oder Butter in einer Pfanne gebacken und mit viel Käse überstreut ein beliebtes Essen.

Frulli/colorati: Flügelnudeln/sie sind mehrfarbig im Handel.

Fulminanti: Blitzschnelle, kurze Nudeln, wie **Ditaloni.**

Funghetti, Funghini: Pilzchen, flach, klein für die Suppe.

Fusillata casereccia: Eine Art Fusilli, halboffen, an einer Seite leicht geschlungen, kurz. Hergestellt werden sie in Gragnano.

Fusilli: Gekräuselte (spiralförmige) Nudeln, lang.
In den südlichen Regionen Kampanien und Basilikata und dort vor allem in Neapel, Avellino und Salerno werden die langen Fusilli bevorzugt.
Nur noch in einigen Regionen bereiten die Frauen diese ›Lockennudeln‹ nach alter Tradition selbst zu.
Auch in Kalabrien gibt es diese Tradition. Man benutzt, wie auch in Kampanien, dazu eine Spezialnadel, *firiettu (ferro)*, die einer Stricknadel ähnlich ist, nur wesentlich leichter.
Die im Norden ansässigen Pastafabriken haben

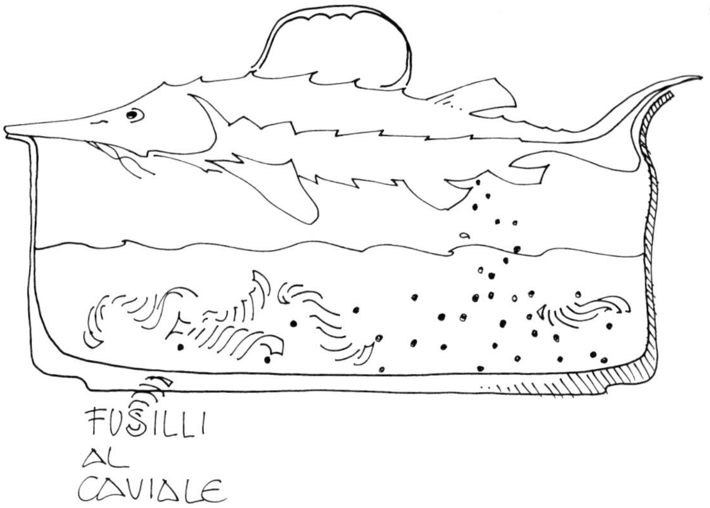

sich dem Geschmack der Kunden angepaßt und stellen überwiegend die kurzen Fusilli her.

Fusilli ›alla molisana‹: Hausgemachte Spiralnudeln. Sie sind in Süditalien verbreitet.
Teigstreifen werden auf eine dünne lange Nadel gerollt, vorsichtig herausgezogen und zum Trocknen in die Sonne gestellt. Man ißt sie gerne mit einem scharfen Tomatensugo und Pecorino.

Fusilli casarecci: Industriell hergestellte, aufgeschnittene Spiralnudeln, kurz, leicht gebogen und verdreht.

Fusilli corti: Gekräuselte Nudeln, kurz.

Fusilli bucati: Gekräuselte und gelochte Nudeln, lang.

Fusilli di Gragnano: Spezialsorte, eng gerollte Nudeln, lang.
Sie sehen aus wie die hausgemachten Fusilli.

Fusilli pugliesi: Spezialsorte, handgefertigt, kurz, aus Apulien.

Fusilli a spirale: Spiralnudeln.

Fusilli a tre alette: Drei-Flügelchen-Spirale, kurz.

Fusilli tagliati: Spiralnudeln, kurz.
– *›al caviale‹:* Mit Kaviar.

Fusilli tricolore: Dreifarbige Spiralnudeln, kurz.

Fusillo lungo col buco: Spiralnudeln, lang mit Loch.

Fusillone: Schrauben, dick, wie **Eliche grandi**.

G

Galani: Schmetterlinge, groß und klein.
Galani sind überwiegend in der Lombardei und in der Emilia-Romagna verbreitet.

Garganel, Garganelli: Maccheroni, klein, gerillt.
Sie sind vor allem in der Emilia-Romagna bekannt und gehen auf die Anfänge der Pastageschichte zurück. Der Teig besteht heute aus Weizenmehl, Eiern, etwas Parmesan und Muskatnuß. Gut durchgeknetet wird er dünn ausgerollt und in kleine Quadrate von circa 4 Zentimetern geschnitten. Mit einem kurzen Holzstäbchen rollt man von der unteren Teigspitze zur oberen und erhält somit Röllchen. Nun drückt man sie über ein kammartiges Gerät, damit die Rillen entstehen, drückt die beiden aneinanderliegenden Spitzen fest, daß sie sich beim Kochen nicht öffnen, und läßt sie bis zum Verbrauch mit Grieß bestreut trocknen.
Speziell in Lugo di Romagna, aber auch in vielen anderen Haushalten der Region bereitet man diese Garganelli heute noch zu und ißt sie mit besonderer Vorliebe zu Ragout oder
– *›alla romagnola‹:* in einer kräftigen Fleischbrühe, die mit viel Parmesan überstreut wird.

Gasse: Ringe oder eine Art offener Knoten aus Ligurien. Hausgemachte Nudeln, die gern mit einer Lammsoße oder nur mit Butter und Parmesan gegessen werden.
Im Genueser Dialekt sagt man zu *nodo* (Knoten) auch *gasse.*

Gattafuin: Ravioli, mittel bis groß.

In Ligurien kennt man die Gattafuin nur in einigen Regionen; besonders gut sind sie in Lévanto. Es wird eine Füllung aus Eiern, Kräutern aus der Levante, Käse, Pfeffer, Olivenöl bereitet.
Aber auch Reis, Anchovis, Mangold, Lauch und Eier sind als Füllung sehr verbreitet.
In Öl fritiert man die Ravioli und serviert sie manchmal auch als Antipasto.

Gattò: Neapolitanischer Nudelauflauf.

Gemelli: Zwillinge, doppelte Fusilli.

Genovesi, lisci: Genueser Hörnchen, glatt.

Genovesine ziti lisce, mezzani lisci: Wie Penne, nur kürzer und dünner.

Genovesini: Genueser Hörnchen, klein.

Giganti, Gigantoni: Röhren, fingerlang, sie eignen sich gut für Aufläufe.

Gigli: Lilien, wie **Cornetti**, gerillte kurze Nudeln aus Neapel.

Gnocchetti, Gnocchettini: Ringe, klein für die Suppe, wie **Tubetti**.

Gnocchetti: Hausgemachte kleine Gnocchi aus den Abruzzen.

– *›a cacio e uova‹ (›casce e ova‹)*: Die Gnocchetti werden mit Mehl zubereitet, gekocht und mit verquirlten Eiern und frischem Caciocavallo verrührt. Die in der Pfanne gebratenen Schinkenspeckwürfel gibt man zum Schluß auf die Nudeln und bestreut sie zusätzlich bei Tisch mit viel Pecorino.

Gnocchetti: **Pestarici** nennt man sie in Venetien. Cadore ist eine Bergzone oberhalb von Belluno entlang der Grenze zum Friaul. Dort bereitet man die Klößchen aus Mehl und Eiern und kocht sie in Milch.

Gnocchetti sardi: Sardische Gnocchi.

Gnocchetti di ziti: Ringe, kurz, aber dick wie Ziti.

Gnocchetti di ziti lunghi/rigati: Wie **Fagiolini**/auch gerillt.

Gnocchi: Handgemachte Klößchen in verschiedenen Formen.
Der Teig kann aus Weizengrieß oder aus Kartoffeln und Weizenmehl, aber auch aus Brot bestehen. Eier gehören immer zu den Grundzutaten. Unterschiedlich und regional bedingt ist die Beigabe von Kräutern, grünem Gemüse, Käse, Kastanien oder Kürbisfleisch, Tomaten, Speck oder Salami, gekochtem oder rohem Schinken.
Die verschiedenen Zubereitungsarten der Gnocchi sind so vielfältig wie ihre Herstellung. Bis ins 16. Jahrhundert verwendete man ausschließlich Brot, da man die Kartoffel noch nicht kannte.

Im Piemont/Valle d'Aosta werden sie vielfach halb mit weißem und halb mit Buchweizenmehl hergestellt; sie sind dann etwas kleiner als die Kartoffelgnocchi.
Man bereitet sie mit einer Soße aus Fontinakäse, Butter und Toma oder Mascarpone und schiebt sie dann zum Überbacken in den Ofen. So nennt man sie Gnocchi *›alla bava‹*.
Die Gnocchi aus Venetien stammen aus der Küche Veronas. Und dort kennt man sie, wie den Karneval, seit dem 16. Jahrhundert. Bevor die Kartoffeln verbreitet und von der Bevölkerung geschätzt wurden, sind die Gnocchi nur aus Weizenmehl bereitet worden. Kartoffeln waren lange Zeit nicht Sache der Italiener, und erst mit den Österreichern konnten sie sich endgültig durchsetzen. Beliebt und unerläßlich waren die Gnocchi beim Mittagstisch am Donnerstag. Auch heute werden sie wieder gern an diesem Wochentag gegessen, wobei der Teig mit Kartoffeln gemischt wird. In vielen Familien haben sie deshalb den Beinamen »giovedi gnocchi«. In Verona ist es heute noch Brauch, am Karnevalsfreitag, dem »vènardi gnocolàr«, den Platz vor der Basilika San Zeno Maggiore in eine große Küche zu verwandeln. Aus riesigen Töpfen werden Gnocchi an die Narren verteilt. Mit vollem Bauch reiht man sich danach in den durch das Zentrum ziehenden Karnevalszug ein. Allen voran die traditionelle Figur der Stadt, *il papà del gnoco*, eine Symbolfigur des Überflusses, der unterstützt von seinen Helfern die Narrenschar am Straßenrand mit immer frisch gekochten Gnocchi versorgt. Wer in diesen Stunden hungrig bleibt, wird spätestens beim Abendessen in der Familie seine Gnocchi essen.

Gnocchi alla romana: Im Handel erhältlich haben sie die Form von **Conchiglie**, Muscheln.
Als ein weit über Rom hinaus bekanntes Gericht macht man sie als flache Grießtaler mit Milch, Eiern und Parmesan und gratiniert sie im Ofen. Schon bei Apicius, der zur Zeit Tiberius' ein Buch über die römische Küche schrieb, lesen wir ein Rezept über Gnocchi: »Grieß wird in Wasser zu einem steifen Brei gekocht, dann bereitet man ihn auf dem Backbrett aus. Sobald er ausgekühlt ist, wird er in kleine Rauten geschnitten, die in reinem Öl gebacken werden. Aus der Pfanne genommen, werden sie mit Honig bestrichen, gepfeffert und serviert. Sie sind noch schmackhafter, wenn an Stelle von Wasser Milch genommen wird.«

Gnocchuli: Diese Gnocchi werden auf Sizilien nur mit Hartweizenmehl bereitet.
In Ragusa heißen sie ›**gnucchitti**‹, in anderen Gegenden ›**cavati**‹ oder ›**cavatieddi**‹ oder ›**cavatuna**‹.
Sie werden mit einer Soße aus Fleisch, Tomaten und Pecorino gegessen.
In Trapani heißen sie ›gnucchitieddi‹. Man zieht sie entweder über eine Reibe, eine mehrzinkige Gabel oder einen Spezialkamm, um ihnen die typische Form zu geben.

Gobèin: Es ist eine piemontesische Bezeichnung für **Agnolotti.**
In Tortona sind diese gefüllten Nudeln von sehr kleinem, rechteckigem Format.
Der Teig besteht aus 400 g Mehl und 6 Eiern. Gemüse wird mit drei verschiedenen Fleischsorten (Kalb, Schwein, Rind) angebraten, mit Wein abgelöscht und langsam gegart. Durch den Fleischwolf gedreht, mit Parmesan, 2 Eiern und Gewürzen gemischt, ist es die ideale weiche Füllung. In Fleischbrühe gekocht, werden sie dann entweder mit flüssiger Butter oder in Fleischsoße mit sehr viel Parmesan serviert.

Gobbetti, Gobini, Goboni: Buckel oder gebogene Röhren, klein und groß.

Gomiti lisci/rigati: Ellbogen, klein, glatt/gerillt.

Mezzi Gomiti: Ellbogen, halb.

Gomitini: Ellbogen, klein, für die Suppe.

Gozzetti, Gozzettini, Gozzettoni: Kröpfe, klein und groß.

Gozzini: Kröpfe, für die Suppe.

Gramigna/grossa: Kletten, eine Maccheroniart/groß, aus Neapel.

Gramignone: Kletten, groß, leicht gebogen und nicht geschlossen.

Gramolini: Piemontesische Spezialität.
Es handelt sich um eine Minestra aus selbstgemachten Nudeln, frischen Bohnen, Tomaten, Speck, Kartoffeln, Zwiebeln und Parmesan.
In der Lombardei nennt man dieses Gericht **pasta rasa** oder **rasida** oder **trida.**

Grandine: Hagelkörner, für die Suppe.

Grattate: Kratznudeln, für die Suppe.

Grattini, Grattoni: Kratznudeln, klein und groß, für Minestrone.

Gussoni: Ravioli, groß, halbmondförmig.
Sie sind in der Emilia-Romagna verbreitet.
In Sarsina bevorzugt man eine Füllung aus verschiedenen Gemüsesorten. Wechselweise mit Pancetta in eine Auflaufform gelegt, kann man die Nudeln auch überbacken.

J

Jáccoli: Sie heißen auch **Maccheroni a fezze.**
In Rieti (Latium) werden sie noch heute in vielen Haushalten hergestellt.
Die Zubereitung ist wie bei den **Maccheroni alla molinara** (Abruzzen); man bereitet eine Fleischsoße und streut viel Schafskäse über die Nudeln.

Jiolli, Jiollini: Wie Korkenzieher, Pastasorte aus Gragnano, mit einer Drehung, mit zwei Drehungen.

L

Làgane: Làgane sind die römischen Vorgänger der **Lasagne.**
Das Wort wird von *làganon* (griechisch) und *laganum* (lateinisch) abgeleitet. Die Römer kannten bereits flache Teigstücke (»membranulus ex farinaet aqua«) ›laganae‹, was *fritella* bedeutet.
Heute werden sie noch in der Basilikata so zubereitet.

– *›lagane e fagioli‹:* Einmal im Jahr, am 19. März, nach der Andacht für San Giuseppe, gibt es in Lukanien (Basilikata) für die ärmere Bevölkerung *›lagane e fagioli‹*, *›lagane e ceci‹*, *›lagane e lenticchie‹*.
Diese große Lasagne mit Bohnen oder Kichererbsen oder Linsen wird mit Knoblauch, Schmalz und Peperoncini zubereitet und ohne geriebenen Käse gegessen.

Laganelle: Kleine Lasagne aus der Region Molise.
Der Teig besteht aus Hartweizenmehl und Wasser.
Auch in Apulien gibt es die Laganelle, deren Zubereitung bereits Horaz erwähnt. Wasser und Hartweizenmehl werden zu einem Teig verarbeitet und in Öl ausgebacken.

Laganelle *›e ceci‹:* Auf neapolitanisch **›lampe e tuone‹.**
Es ist die älteste Form der Teigzubereitung: nur Mehl und Wasser.
Sie werden mit Kichererbsen, Knoblauch, Öl, Speck, Oregano, Peperoncino, Lorbeerblättern, Petersilie, Zwiebeln und Selleriestangen zubereitet.

Lancette: Uhrzeiger, klein.

Lasagnas de isposus: Hausgemachte sardische Bandnudeln für junge Hochzeitspaare und deren Gäste.
Man bereitet die Teigwaren mit einem Ragout aus Kalb- und Schweinefleisch, das über die Nudeln gegeben wird und mit *fresa*, einem frischen sardischen Kuhmilchkäse, belegt und überbacken wird.

Lasagne: Es handelt sich um breite Bandnudeln mit gezackten, gewellten oder glatten Rändern, die besonders gern für Aufläufe verwendet werden.
Mit Fleisch-, Fisch- oder Gemüsesoßen, angereichert mit Béchamelsoße, Pilzen, Schinken, Zwiebeln, Käse, Kräutern und Tomaten.

Lasagne aus Bologna: Ein klassisches Gericht aus der Emilia-Romagna.

– *›alla bolognese‹:* Die Lasagne wird hier mit Eiern zubereitet, der Teig in quadratische oder rechteckige Formen geschnitten, halbgar gekocht und abwechselnd mit Ragout, Béchamelsoße und Parmesan geschichtet und überbacken.

Lasagne aus Alba: Diese Spezialität wurde in Alba (Piemont) meist an Schlachttagen zubereitet, da die Grundzutaten beim Schlachten eines Schweins anfallen.
– *›al sangue‹:* Schweineblut, Bries, Drüsenfett, Schulterstück, Rückenmark, Würstchen, Parmesan, Butter, etwas Milch, Zwiebel und Petersilie sind die Soßenzutaten; den Pastateig bereitet man aus Mehl und Ei. Die Lasagne wird nicht im Ofen überbacken.

Lasagne aus Kalabrien: An Himmelfahrt ist es in Kalabrien Tradition, die selbstgemachte Lasagne nicht mit einer üppigen Soße, sondern nur in Milch zu kochen.
– *›col latte‹:* Viele nehmen heute anstelle der selbstgemachten Lasagne ersatzweise **Fettuccine.**

Lasagne aus Venetien: Ein bäuerliches Gericht, das besonders gern in den Hochlagen um Belluno gegessen wird.
– *›al fornel‹:* Es handelt sich um hausgemachte Lasagne, die mit einer Soße aus Butter, Nüssen, Sultaninen, geriebenen Äpfeln, getrockneten Feigen und Mohnsamen bereitet wird. Schichtweise gibt man die Teigplatten mit der Soße in eine Auflaufform und schiebt sie zum Überbacken in den Ofen.
Zu Beginn unseres Jahrhunderts war die Lasagne al papavero in Triest unter dem deutschen Namen ›Mohnnudeln‹ sehr in Mode.
– *›ai semi di papavero‹:* Mit Butter, Zucker, Eiern und Mohnsamen wurden die gekochten Nudeln vermischt.

Lasagne aus Ligurien: Es handelt sich um die klassische, industriell hergestellte Lasagne, die mit Lasagne secche zubereitet wird.
– *›al sugo di funghi‹:* Steinpilze, Butter, Parmesan, Tomatensugo, Kräuter, Knoblauch und Fleischbrühe sind die Zutaten für die Soße. Sie wird mit den Nudeln vermischt und serviert.
– *›al pesto‹:* Die Lasagne wird nicht, wie sonst üblich, überbacken. Die hausgemachten Nudeln werden mit der ligurischen Basilikumsoße übergossen, mit Parmesan und Pecorino überstreut, kurz durchgeschwenkt und sofort serviert.

Lasagne co zembo: Gefüllte Teigtaschen aus Ligurien. Sie sind groß wie Lasagneblätter, doch es handelt sich um Ravioli. Die ›Dickgefüllten‹, *›co zembo‹* (con il paniere, d. h. korbvoll), werden sie genannt. Die Füllung besteht aus Gewürzkräutern, Fleisch, Eiern, eingeweichtem Brot und Käse.

Lasagne aus Kampanien: Einmal im Jahr muß jeder Neapolitaner Lasagne essen und zwar am Fastnachtsdonnerstag *(giovedi grasso).* Dann gibt es in Neapel und Umgebung diesen reichhaltigen Nudelauflauf, der mit großen quadratischen, selbstgemachten Lasagnestücken, wie man sie auch in Bologna und Genua kennt, bereitet wird.
– *›imbottite o di carnevale‹:* Die Zutaten sind: neapolitanische Schweinswürstchen *(cervellatine),* Mozzarella, frischer Ricotta, Schmalz oder Butter, Schinkenspeck, Parmesan, Tomatenmark, Gemüse und hartgekochte Eier.

Lasagne aus Apulien: Dort nennt man die Lasagne auch **Lingue di passero.**
Man ißt sie gern
– *›al sugo d'anguilla‹:* Aal, Tomatensoße, Petersilie, Knoblauch, Öl und Basilikum sind die Zutaten für diese Soße.

Lasagne a doppio festone: Auch **Sciabò,** doppelt gezackte Girlandennudeln, industriell hergestellt aus Neapel.

Lasagne da Pasticcio: Lasagne für Pasteten.

Lasagne napoletane: Spezialsorte, lang mit glattem Rand.

Lasagne gialla/verde: Lasagneplatten, gelb/grün.

Lasagnette doppio riccio: Lasagne, schmaler, doppelt gezackt.

Lasagnette/riccia: Lasagne, schmaler/gezackt.

Lenticchie, Lentine: Linsen, für die Suppe.

Lingua di suocera: Schwiegermutterzunge Spezialformat, lang, leicht gewellt, aus Apulien.

Lingue di passero: Spatzenzungen, wie Reiskörner. In Sizilien handelt es sich um kleine Suppennudeln, in anderen Regionen ist es eine lange Pastasorte.
In Apulien werden sie aus dem gleichen Teig wie Orecchiette hergestellt. Es sind lange Nudeln mit einer Breite von 3–5 Zentimetern.

Linguettine, Linguine: Zungen, etwas schmaler als **Bavette.**

Lolli: Es handelt sich um handgemachte **Gnocchetti** aus Modica.
Man benutzt zur Herstellung einen Spezialkamm oder auch eine mehrzinkige Gabel.

Lucciole: Wie **Quadrucci**, für die Suppe.

Lumache, Lumaconi, Lumacchette, Lumachine: Schnecken in vielen Größen, für Suppen, Aufläufe und kräftig schmeckende Soßen.

Lumachelle: Hausgemachte Nudeln in Schneckenform aus den Marken.
– *›della duchessa‹:* Diese Nudeln haben sich bis zum heutigen Tag übertragen und sind noch immer eine Spezialität. Die »Duchessa von Urbino« steht Pate für so viele Gerichte in den Marken, was aber nicht bedeutet, daß es immer ihre Lieblingsspeisen gewesen sein müssen. Man kann eher davon ausgehen, daß es sich im allgemeinen um die Gerichte feiner Leute handelte.
Die Lumacchelle werden mit Mehl, Eiern und etwas lauwarmem Wasser bereitet. Dazu ißt man eine Soße aus Rübchen, Kopfkohl, Würstchen, Hähnchenleber, Butter, Tomaten, Fleischbrühe und Parmesan.

Macaroni, Maccheroni: Ihre Herkunftsgeschichte aufzuarbeiten, ist nicht leicht. Sie kommen in vielen Liedern vor, Geschichten, Gedichte und Lobeshymnen werden über sie verfaßt. Mit Sicherheit tauchen sie erstmals Ende des 15. und Anfang des 16. Jahrhunderts in Neapel und den Städten Torre Annunziata und Gragnano auf. Danach werden sie bald zum Synonym des Neapolitaners als *mangiamaccheroni*.
Aber nicht nur der Süden erhebt Anspruch auf Urheberschaft, auch in Lecco, in der Lombardei, waren es Maccheroni, die in einer Osteria mit Tomatensoße angeboten wurden und in die Annalen eingegangen sind.
Macaroni – so eine Version – wird abgeleitet von *macco*, einem sehr alten Gericht aus gekochten und pürierten Bohnen (griech.: Leichenschmaus). Die andere, glaubwürdigere Version zeigt die Verbindung zu dem aus dem neapolitanischen Dialekt stammenden Wort *ammaccare* (lat. *maccare*), das heißt *schiacciare*. Eindeutig, daß hier nur ausgedrückt wird, was in der letzten Phase mit dem Teig passiert: Er wird mit den Händen bearbeitet (*schiacciata a mano);* es deutet also in keinster Weise auf die Pastaform hin. Die Maccheroni konnten entweder eine frische Pasta aus *farina di grano tenero* (Weizenmehl) oder eine trockene Pasta aus *semola di grano duro* (Hartweizenmehl) sein.
Sie sind, wie heute die Spaghetti, über sehr lange Zeit das Synonym von Pasta schlechthin gewesen.

Macaron ›chi fir‹: Hausgemachte Maccheroni, die mit einem Stäbchen hergestellt werden.
Sie sind in Süditalien verbreitet.

MACCHERONI ALLA CHITARRA

Macarons *›di urtie‹:* **Gnocchetti** aus dem Friaul. Der Teig wird aus Brennesseln, Eiern, Weizenmehl, Salz, einem ganz speziellen Kraut aus der Region Carnia, dem *›buon enrico‹* (guter Heinrich), mit flüssiger Butter und geräuchertem Ricotta hergestellt.
Angerichtet werden die Gnocchetti mit leicht gebräunter Butter und viel geräuchertem Ricotta.

Macarrones: Es ist die Dialektform für **Maccheroni di busa;** viele Sarden nennen sie aber auch **Malloreddus.**
– *›a bocciu‹:* Sie werden mit einer Soße aus frischen Tomaten, Basilikum und vielen verschiedenen Kräutern der Insel zubereitet und mit geriebenem Pecorino gegessen.

Macarunni ›di casa‹: **Pasta casereccia**, die hausgemachte Pasta aus Kalabrien.
Sie ist in den südlichen Regionen Italiens noch sehr verbreitet. Es gibt dort viele kleine *pastifici*, in denen Nudeln ›wie hausgemacht‹ hergestellt werden.
Je nach Region, Jahreszeit und Festtagen fällt die Soße sehr unterschiedlich aus.
– *›alla pastora‹:* Angerichtet mit Schmalz und frischem Ricotta oder mit einem Ragout aus Schweinefleisch sowie frischem und geräuchertem Ricotta. In Torano Castello besteht die Spezialsoße aus einer Zwiebelpaste, mit viel Peperoncino, Öl und Speck.

Maccarùne: Maccheroni in Apulien.

Maccarones: Maccheroni aus Sardinien.
– *›cum arrescottu‹ (›cum arrescotus‹):* Die auf der Insel üblichen **Maccarones a ferritus** werden mit einer Eisennadel hergestellt. Gegessen werden sie mit Safran und sardischem Frischkäse.

Maccarunni *›di casa‹:* Hausgemachte Maccheroncini aus Sizilien.
Ursprünglich war das Palmblatt zur Herstellung dieser Pasta ein wichtiges Zubehör. Den aus Hartweizenmehl und Wasser (Ei) bereiteten Teig teilte man in kleine Stücke, diese wickelte man jeweils

um ein Palmblatt, das man wieder abzog, um so die kleinen Maccheroncini zu erhalten.
Heute hat eine kurze Stricknadel beziehungsweise ein Hölzchen diese Methode weitgehend abgelöst. Der Sugo besteht aus Schweinefleisch, Speck, Tomaten, Basilikum oder Speckschwarte, Fleischbällchen, Hühnerklein, (Hahnenkämme) Würstchen, viel Öl und immer reichlich Pecorino. Je nach Jahreszeit gibt es dazu frischen oder gesalzenen Ricotta und viele frische Kräuter.

Maccaruni di Segni: Wie dünne **Tagliolini**, aus dem Latium.

Maccarunni ›*ciociari*‹: Diese Nudeln aus dem Latium unterscheiden sich von den herkömmlichen selbstgemachten Maccheroni durch ihre Form: Sie sind viel dünner.
In der Gegend um Viterbo nennt man sie *fieno* (Heu).
Bevorzugt gegessen werden sie mit einer Soße aus Hühnerklein und Pecorino.

Maccheroncelli: Kleine Maccheroni.
Die sizilianischen Maccheroni sind einmal geschlungen.

Maccheroncini/rigati: Kleinere Maccheroni/gerillt.

Maccheroncini ›di Campofilone‹: Kleine Maccheroni aus den Marken, wie **Fiedelini genovese.**
In der Nähe von Ancona werden diese Nudeln mit Wasser und etwa 10 Eiern auf 1 Kilogramm Weizenmehl hergestellt.

Maccheroni ›*di busa*‹: Sie heißen im sardischen Inseldialekt ›**macarrones a bocciu**‹ oder ›**malloreddus**‹.

Maccheroni ›*alla chitarra*‹: Gitarrensaiten, Pasta aus den Abruzzen.
Seit dem 14. Jahrhundert sind diese Maccheroni ein traditionelles Gericht in den Abruzzen. Hier ist die *chitarra* ein noch gebräuchliches Gerät zur Nudelherstellung. Es ist ein Holzrahmen mit dicht nebeneinander gespannten Drähten. Der Teig wird daraufgelegt, mit dem Nudelholz entlanggerollt, so daß sich die Maccheroni durch die Zwischenräume pressen und nach unten fallen.
Sie haben allerdings nichts mit den röhrenförmigen Maccheroni zu tun. Sie sind eher wie schmale Tagliatelle, also flach. Gegessen werden sie bevorzugt mit Ragout oder Tomatensugo.
In der Herstellung und Bereitung der **Maccheroni alla chitarra** gibt es in der Region Molise keinen Unterschied zu denen in den Abruzzen.
Die Soße wird am liebsten mit einem Ragout aus Lammfleisch und Paprika gegessen.

Maccheroni ›*alla ceppa*‹: *Ceppa* ist eine Art Stricknadel aus Holz, auf die der Teig gerollt wird. Mit ihr werden die hausgemachten Maccheroni in den Abruzzen zubereitet.

Maccheroni ›*di Bobbio*‹: Es ist die einzige Nudelform in Mittelitalien, die man mit einer antiken Pasta des Südens vergleichen kann. Wie in Kalabrien und Sizilien werden Teigstücke um eine Stricknadel gewickelt.
Man bevorzugt sie mit einer Soße aus Fleisch und Pilzen.

Maccheroni ›*di casa*‹: **Strangolaprieve** oder, wie heute üblich, **Strangolapreti** werden diese Maccheroni in der Region Kampanien genannt.
– ›*alla napoletana*‹: Nicht mehr nur mit Hartweizen- und normalem Mehl, sondern unter Zugabe von Kartoffeln werden sie zubereitet.

Maccheroni ›*dolci*‹: In Umbrien sind es Tagliatelle, die vorzugsweise zu Weihnachten mit einer Nußsoße zubereitet werden.
– ›*con le noci*‹: Die Teigwaren werden ohne Eier, nur mit Mehl und Wasser hergestellt, gekocht und mit Zucker, Zimt und einer Nußcreme kalt gegessen.

Maccheroni ›*a fezze*‹: **Jáccoli** nennt man die Maccheroni in Rieti; sie haben eine gewisse Ähnlichkeit mit den **Stringozzi** aus Terni. Gegessen werden sie bevorzugt mit Ragout und Pecorino.

Maccheroni ›*a ferritus*‹: Maccheroni mit einer Eisennadel hergestellt.

Maccheroni ›*inferrettati*«: Auch **Perciatelli.**

Maccheroni ›*di fuoco*‹: Maccheroni mit sehr vielen Peperoncini, Knoblauch und Olivenöl.

Maccheroni ›*genovesi*‹: Zugespitzt wie ein Federkiel.

Maccheroni ›*alla molinara*‹: Nudeln, wie sie in der Gegend von Teramo (im Norden der Abruzzen) noch heute von Hand gemacht werden.
Eine Anekdote erzählt, hier habe sie ein Soldat eingeführt, der sich im 12. Jahrhundert im Gefolge des Normannenkönigs Roger II. in den Abruzzen aufhielt.
Keine Eier, nur Hartweizenmehl und Wasser werden für den Teig benötigt. Durch geschicktes Bearbeiten des Teiges erhält man einen Strang, der ständig bewegt und gezogen werden muß. Wie Wollfäden, die aber weder Anfang noch Ende haben, zieht man den Teig so lange, bis er etwa eine Länge von 50 Metern hat.
In Villa Vomano nennt man die Maccheroni alla molinara auch Strangolapreti, ganz einfach ›Pfaffenwürger‹.

– *›al ragù‹:* Besonders häufig findet man diese und die Maccheroni alla chitarra in den Abruzzen mit einem Ragout aus Schaf- oder Hammelfleisch, und nie ohne Peperoncino.
– *›al sugo del paese‹:* Man bereitet ein *guazzetto,* ein Ragout aus einem Schaf, das noch nicht trächtig war *(ciavarre),* brät daraus ein Keulenstück mit Knoblauch und Rosmarin in Öl an, löscht mit einem trockenen Weißwein ab, gibt frische Tomaten und Peperoncini zu und schmort alles langsam.

Maccheroni *›al rintrocilo‹:* Die Maccheroni erhalten ihre Bezeichnung von dem Spezialgerät, das in den Abruzzen *rintrocilo* genannt wird. Es ist ein Holz mit sehr scharfen Kämmen, die den Teig exakt schneiden.

Maccheroni *›con la ruie‹:* Maccheroni mit Raute aus Apulien.

Maccherotti: Maccheroni, groß.

Maccu, Macco: ›**Attuppateddu**‹ heißt diese sizilianische Minestra.
Ditalini oder Lasagnette corte und viele Kräuter, ein *purea di fave* (Saubohnenpüree), das die Catanesen *macco verde* nennen, sind die Grundzutaten für diese Minestra. Das Püree kann aus frischen oder getrockneten *fave* gemacht werden.
Dieses geschichtsträchtige Essen ist über die gesamte Insel verbreitet. Maccu ist auch eine Bezeichnung für alles Pürierte aus Gemüse.

Mafalde, Mafaldine: Mafalda ist ein traditioneller Frauenname des Königshauses von Savoyen; breite Bandnudeln mit leichter Kräuselung an beiden Seiten.

Magliette di bucato: Die Form eines halben O, kurze Nudeln mit Loch.

Magliette di maccheroncino: Kleine Maccheroni, gebogen.

Magliette di Napoli: Gebogene Maccheroni.

Magliette di zito: Dick wie Ziti, aber kurz.

Malfatti: ›Schlechtgemachte‹ Nudeln, eine Art Gnocchi.
Die Größe reicht von haselnuß- bis walnußgroßen Klößchen und ist von Region zu Region unterschiedlich.
Hier bestehen sie aus grünem Gemüse (Spinat, Mangold oder wildwachsende Kräuter), Ricotta, Parmesan, Eiern und Mehl. Mit zerlaufener Butter und Parmesan werden sie serviert.

Malfattini: Manfrigne. In Ferrara werden sie **Grattini** genannt und gehören zu den populären Gerichten in der Emilia. Sie haben etwa die Größe von Reiskörnern, sind unregelmäßig groß und werden bevorzugt in kräftigen Fleischbrühen, aber auch in Gemüsesuppen gegessen.

Malloreddus: *Mallo* ist die äußere grüne Schale von Nüssen.
Die Nudeln haben aber vielfach den Namen ›kleine Stiere‹, sardische Gnocchi.
Auf der Insel nennt man sie aber auch ›**macarones**‹ oder ›**cravaos**‹ oder ›**aidos**‹ oder ›**ciciones**‹. In einigen sardischen Landstrichen hört man auch schon mal die italienische Version **Maccheroni di busa**, die im Dialekt ›**macarones bocciu**‹ genannt werden.
Die etwa 1 Zentimeter kleinen Klößchen werden mit dem Daumen gegen die Rückseite eines schön geflochtenen Körbchens, einem *ciurliri (cestello)* oder an einem Sieb entlang gedrückt und erhalten somit ihre typische Form.
Gegessen werden sie meist mit einer Fleisch- oder Specksoße, die mit heimischen Kräutern und Knoblauch oder nur mit Tomatensugo gekocht und immer mit reichlich Insel-Pecorino gewürzt wird.

Maltagliati: Schlechtgeschnittene Nudeln.
Meist hausgemacht ist diese Pasta, die es außer in der Emilia-Romagna und im Piemont noch in vielen anderen Regionen Italiens gibt.
Die Pastahersteller bieten verschiedene Sorten unterschiedlich geschnittener Maltagliati an.
– *›con il batu' d'oca‹:* Mit einem *battuto,* kleingehacktem Gänsefleisch, Nußkernen, Petersilie und Käse richtet man in Piacenza die Maltagliati an.

Manate: Auch **Vermicelli**, die eine Länge von 50 Zentimetern haben.
Sie werden auch ›**triiad**‹ genannt und stammen zweifellos von den sizilianischen *›trii‹* ab.

Mandala: Geteilte Röhrennudeln, kurz und gerillt.

MANDILLI DI SETA
(...SEIDENTÜCHER)

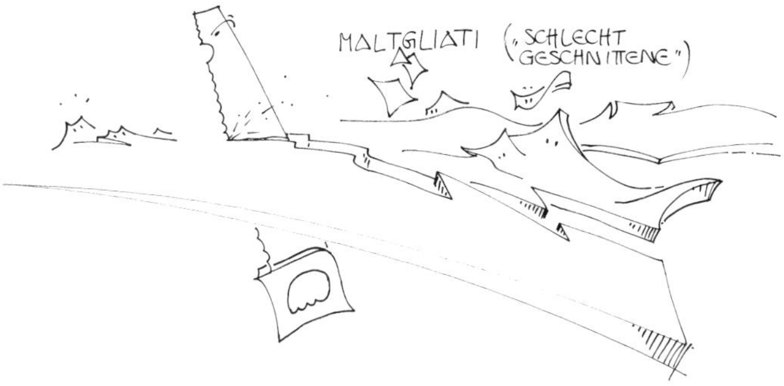

Mandilli, Mandilli ***de sea:*** Auch **Fazzoletti di seta**, Nudelplatten, so groß wie ein kleines Seidentuch. In Ligurien ißt man sie gern mit Pesto.

Manfredi, Manfredine: Bandnudeln, zwei Breiten mit sehr schönen, verschiedenen Musterkräuselungen.

Manfricoli: Auch **Picchiettini** genannt.
Diese maccheroniähnlichen, fingerlangen, aber kantigen Nudeln sind in Umbrien verbreitet.
– ***›al tartufo‹:*** Mit einer Soße aus gehackten Trüffeln (Norcia) und Sardellen.

Maniche, mezze Maniche: Arme, Halbarme, wie **Tufoli.**

Maniche centorighe: Hundert-Linien-Arme.

Margherita messinese: Wie **Gramigna grossa,** nur noch größer.

Margherite, Margheritine lisce: Margeriten, zwei Größen, glatt, für Suppen. Auf Sizilien sind es gewellte Bandnudeln.

Marille: Eine Nudelform, die vom berühmten Autodesigner Giugiaro entworfen wurde und in Süditalien in einer kleinen Pastafabrik hergestellt wird. Sie gehört zweifellos zu den ausgefallensten italienischen Pastasorten.
Für diese an einigen Stellen fast dreilagige kurze Röhrennudel ist eine kräftige, mit verschiedenen Fleisch- und Gemüsesorten angereicherte Tomatensoße nötig. Vermischt mit Fleischbällchen und Käsewürfeln, Pilzen und Tomatensoße eignen sich diese Nudeln auch zum Überbacken.

Marubini: Ravioli, klein, rund oder rechteckig, aus der Lombardei.
In Cremona nennt man sie auch **Agnolotti cremonesi.**
Gefüllt werden sie mit Rinder-, Kalbs- und Schweinebraten, gekochtem Hirn, Parmesan, Eiern und etwas geriebenem Brot.
Man ißt sie überwiegend in einer Brühe aus Hühner- und Rindfleisch sowie Kochwurst und mit viel geriebenem Parmesan.

Marziani: Rippen, kurze Nudeln aus Neapel.

Merletti: Spitzen, runde Nudeln aus Neapel.

Messicani: Kleine Mexikaner, wie Hüte.

Messinesi: Wie **Spaccatelle**, kurze Nudeln aus Neapel.

Mezzanelli/tagliate: Wie **Perciatelli**, mitteldicke Stäbe/geschnitten.

Mezzani: Stäbe.

Mezzanini: Halbgeschosse, halbe Stäbe.

Midolline: Krumen, klein, für die Suppe.

Minuich: Auch *›minicchi‹* oder *›macarun chi fir‹*.
Hausgemachte Nudeln aus der Basilikata.
Sie werden mit Mehl und heißem Wasser hergestellt.
Um eine quadratische Eisennadel werden Teigstücke gedreht. Mit etwas Geschick schiebt man sie von der Nadel und erhält so die *spaghetti*-ähnlichen, aber nur *penne*-kurzen Nudeln. Sie werden bevorzugt mit einem klassischen Tomatensugo oder mit *cime di cola,* einem ganz besonderen grünen Blumenkohl, Peperoncino, Knoblauch und viel Pecorino gegessen.

Militari: Soldaten, klein, für die Suppe.

Millefoglie: Tausend-Blätter-Nudeln.

Millerighe: Tausendlinien, dicke Röhren.

Mitraglia: Maschinengewehrfeuer, kurze Nudeln aus Neapel.

Mostaccioli/rigati: Schnurrbärte/gerillt, wie **Penne.**

Napellini rigati: Kurze Nudeln aus Neapel, gerillt.

Napoletani: Dickste Lochnudeln, lang.

Nastri: Bandnudeln, an beiden Seiten gezackt.

Nastri doppio festone: Bandnudeln mit doppelter Girlande.

Nastrini: Unter diesem Namen können Bandnudeln oder kleine **Farfalle** oder **Farfalline** im Handel sein.

Natalini: Hausgemachte Weihnachtsnudeln.
Auch **Maccheroni con la trippa (›maccaroin cun e trippe‹).**
Sie werden in Ligurien und dort bevorzugt in Savona gern am Vorweihnachtstag gegessen.
– *›con le trippe‹:* In einer Brühe aus Rind- und Hühnerfleisch (ganz besonders gut schmeckt Kapaunbrühe) werden die Maccheroni zusammen mit den schon vorgekochten Kutteln gegart.
An Festtagen nimmt man nur die zarten Kalbskutteln, eine *luganega* (dünne Schweinswurst),

Pinienkerne, Hühnerklein, das Herz von Karden (eßbare Disteln), Butter, Olivenöl und Parmesan. Außerdem benötigt man noch Petersilie, etwas Tomatensoße und Weißwein.
– *›in brodo‹:* In Fleischbrühe.

Nicchiole: Muschelschalen, klein.

Nidi di tripoline, Nidi di tagliatelle, Nidi di capelli d'angelo: Auch ›im Nest‹ werden von fast allen Pastaherstellern die langen Nudeln aus dem Sortiment angeboten:
Die drei Sorten stehen nur als Beispiel.

Nocchettini: Knöchelchen, klein, für die Suppe.

Nocciolini, lisce/rigati: Kerne, groß, glatt/gerillt.

Nodini: Knoten, wie **Galani**.

Numeri: Zahlen, kleine Nudeln für die Suppe.

Nuvole: Wolken, unregelmäßig, leicht gewellte Nudeln, aus Neapel.

O

Occhialini, Occhiolini: Augen, klein.

Occhi di elefante: Elefantenaugen.

Occhi di lupo: Wolfsaugen, für die Suppe.

Occhi di pernice: Rebhuhnaugen, für die Suppe.

Ofelle, Offelle: Ravioli, klein, viereckig.
Sie sind im Friaul verbreitet.
Ein Rezept aus Triest, das für den Teig Kartoffeln und Mehl, Ei, Salz und 1 Teelöffel Backpulver vorschreibt.
Die Füllung besteht aus: Spinat, Kalbfleisch, Wurst und Zwiebeln. Gegessen werden sie mit zerlassener Butter und Parmesan.

Ondule: Ondulierte Nudeln, mittellang, aus Neapel.

Orecchiette: Ohren, Öhrchen, auch Hütchen.
Apulien und Kampanien sind die Produktionszentren dieser Teigware.
Obwohl diese Nudelsorte auch industriell hergestellt wird, gibt es doch noch viele Privathaushalte, die sie mehrmals in der Woche zubereiten und nicht selten auch auf der Straße verkaufen. Mit Hartweizen- und Weizenmehl plus Wasser, manchmal mit einem Anteil an Roggenmehl und immer ohne Eier wird der Teig zubereitet und in fingernagelgroße Stücke geschnitten. Mit dem Daumen oder einem abgerundeten Messer drückt man in den Teig; durch das Arbeiten an einem Holztisch oder einem Spezialbrett bekommen die Orecchiette außen eine rauhe Oberfläche. Innen bleiben sie glatt.
Man kennt verschiedene Bezeichnungen, die sich im Dialekt von Stadt zu Stadt unterscheiden.
Orecchiette oder **Strascinati** nennt man in Bari auch **Recchie, Recchiètedde, Recchietelle** oder **Strascenàte**, die dann etwas kleiner sind.
In Taranto heißen sie **Chiangarelle** und in Brindisi **Stacchiodde.**
In Fasano werden die Orecchiette nur mit Weizenmehl und in einer größeren, etwas flacheren Ausführung hergestellt und zusammen mit grünem Blumenkohl oder *cime di rapa* (Sprossenblumenkohl) gegessen.

Orecchiette *›sartaciniddu‹:* Sind mit einer Soße aus Wirsing und Tomaten zubereitet und in Apulien verbreitet.

Orecchiette tricolore: Ohren, dreifarbig.
Sie werden von einigen Pastaherstellern angeboten.

Orecchioni: Ohren, groß, auch **Tortelloni.**
– *›con braciolette‹:* Mit Pferde- oder Rindfleisch, Tomaten, Pancetta, Pecorino, Fleischsaft, Olivenöl, Zwiebel, Petersilie und leichtem Rotwein.
Auch in Kampanien gibt es diese selbstgemachten Nudeln. In der Gegend um Neapel verdienen sich

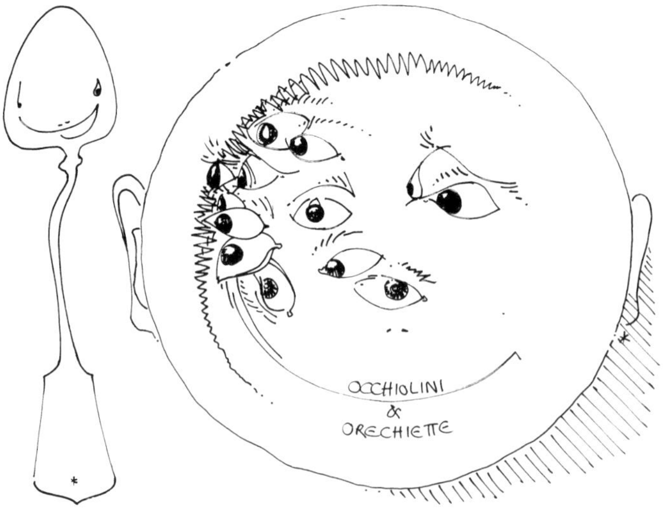

nicht wenige Familien damit ein Zubrot, indem sie die Pasta zu Hause herstellen, sie vor ihrem Haus zum Kauf oder aber auch direkt den Pastaherstellern anbieten, die sie unter ihrem Markennamen vertreiben.

Orecchioni aus der Emilia-Romagna: Hier sind die Orecchioni Ravioli. Sie haben die Form großer Ohrmuscheln.
Ihre Füllung besteht überwiegend aus grünem Blattgemüse und Kräutern.

Paccheri: Sie gehören zu den Spezialsorten und werden in Gragnano bei Neapel hergestellt. Ihre Form ist wie die der **Rigatoni**, nur sind sie doppelt so groß.
– *›con muscari e salsiccia‹:* Mit einer Soße aus frischen Schweinswürstchen, Zwiebeln, Rotwein, Öl, Pecorino und *muscari,* einem wildwachsenden Knollengemüse, das einen charakteristischen, leicht bitteren Geschmack besitzt und in Apulien *lampasciuni,* in Kalabrien *cipuddini* genannt wird.

Paglia e fieno: Stroh und Heu.
Die Nudeln sind sehr dünn, etwa wie **Tagliolini**, und werden fast immer zweifarbig (weiß/grün) angeboten.

Panierina: Wie **Farfalline**.

Pansoti, Pansôti, Pansotti, Pasooti: Ravioli aus Ligurien.
In der Ponente sind diese Teigwaren kaum bekannt. Sie werden überwiegend in Genua und Umgebung und in der Levante zubereitet.
Die Teigtaschen sind mit einer Spezialkräutermischung *(preboggion)* gefüllt und in dieser Region auch unter diesem Namen erhältlich. In diesem Sträußchen sind unter anderem Borretsch, Löwenzahn, Kapuzinerkresse, Sauerampfer, Pimpinelle, Radicchio selvatico (wilder Radicchio), Kerbel und andere, je nach Jahreszeit wildwachsende Kräuter enthalten. In Ligurien, zumindest an der Riviera di Levante, trifft man durchaus auf andere Füllungen; doch alle sind sie *›di magro‹*, d. h. ohne Fleisch. Überall gleich ist die Nußsoße, die über die Pansoti gegossen wird.

Pansoti *›al preboggion con salsa di noci‹:* Die Form dieser Ravioli ist immer unterschiedlich. Je nach Überlieferung des Rezeptes kann sie halbmondförmig, drei- oder viereckig sein.
Für die Füllung nimmt man die oben beschriebenen Kräuter (möglichst keine Spinatblätter), Ricotta und Parmesan; für die Soße Pinienkerne, Walnüsse, etwas Knoblauch, Milchlab, *prescinsôea* oder weichen, ganz frischen Ricotta, Weißbrotkrumen, Olivenöl und nach Belieben frische Majoranblättchen. Alles wird mit den Nudeln vermischt, Butter und Parmesan zum Schluß untergezogen.

Pantacce: Rhomben mit zwei glatten und zwei gewellten Seiten, industriell hergestellte Pasta, aus Neapel.

Paparele: Sehr breite Bandnudeln, aus Venetien.
In der Toskana heißen sie **Pappardelle**.
– *›paparele e bisi‹:* Ein sehr beliebtes Gericht, das in Verona zu Ehren des Schutzheiligen San Zeno gegessen wird. Im übrigen Venetien heißt es **Paste coi bisi** und in Venedig **Paste conze coi bisi.**
Für die Soße benötigt man Pancetta, Butter, kleine, süße Erbsen, Zwiebeln, Petersilie, etwas Fleischbrühe und Parmesan.
– *›paparele con le ciche‹: Le ciche* sind *fegatini di pollo* (Hähnchenlebern). Es ist ein Gericht, das man in und um Verona zu besonderen Anlässen oder an einem speziellen Sonntag aß.
In Padua nennt man es **Pasta con i rovinasi**.

Pappallegri: Kurze Nudeln, aus Neapel.

Pappardelle: Bandnudeln mit einer Breite von 5–6 Zentimetern aus der klassischen toskanischen Küche.
In Venetien heißen sie **Paparele.**
In anderen Gegenden Italiens, z. B. in Kampanien, sind sie ebenfalls bekannt, doch ändert sich jeweils die Größe. Es gibt Familien, in denen diese Pastasorte noch selbstgemacht und als Hauptgericht gegessen wird. Der Teig besteht aus Weizenmehl ohne Zugabe von Hartweizenmehl und Eiern.
Ein Ragout aus Wildfleisch wird dazu bevorzugt gegessen. Manche bestehen auf der traditionellen Soße aus Lunge, Milz, Herz, Leber und Blut, die zusammen mit den hervorragenden Kräutern der Toskana gekocht werden.
– *›con la lepre‹:* Mit einem Ragout aus Hasenfleisch, Öl, Zwiebeln, Karotten, Selleriestangen, Petersilie, etwas Milch und Parmesan oder Grana.
– *›con l'anatra‹ (con l'anitra):* Mit Entenragout, dem oft Kalbsmilz, roher Schinken, verschiedene Gemüse, Weißwein und Fleischbrühe zugegeben werden.

Pappicci: Bandnudeln aus den Abruzzen, die ohne Eier zubereitet werden.
Die Nudeln werden zusammen mit kleingeschnittenen frischen Tomaten gekocht, mit einem *soffritto* (fein geschnittene Zwiebeln, Knoblauch, Schinkenspeck in Öl angebraten) vermischt und mit Pecorino bestreut in der Kochflüssigkeit gegessen.

Parelloni: Spezialformat, innen Röhrennudel (wie Bucatini), mit parallel verlaufenden Bändern, leicht gewellt.

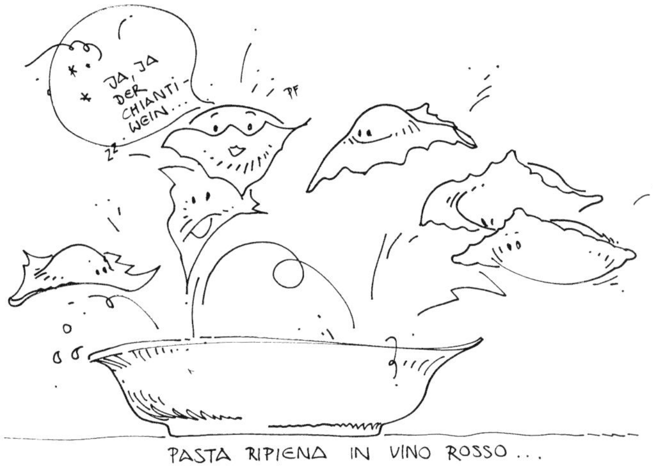

Parigine: Pariser Nudeln.

Passatelli: Nur mit Grana, Weißbrot ohne Kruste, Eiern, Rindermark, Zitrone und Muskatnuß wird ein Teig bereitet, der nicht fest sein darf, sondern in der Konsistenz eher einem Püree gleicht. Er wird durch ein Spezialgerät, eine Art großlöchriges Sieb, direkt in die Fleischbrühe gedrückt.

Pasta asciutta: Es ist der allgemeine Begriff für die ›trockene Pasta‹.

Pastasciutta *›alla fornaia‹:* Für dieses Gericht nimmt man in Livorno eine dünne, lange Pastasorte. Die Soße besteht aus zermahlenen Walnüssen, sardischem Pecorino (gesalzen), Basilikum und dem guten toskanischen Olivenöl.

Pasta *busiata:* Das Herstellungsgerät *busa*, eine Eisennadel, gibt der sizilianischen Pasta ihren Namen.

Pasta *e ceci:* Kurze Nudeln mit Kichererbsen, wie **Ciceri e trii**.

Pasta *e fagioli:* Kurze Nudeln mit Bohnenkernen. Gegessen wird dieses Gericht mit **Tubetti, Corallini** oder den **Munnezzaglia**, wie in Süditalien verschiedene gemischte Pastasorten genannt werden.

Pasta *e fagioli sgranati:* **Tubettini** oder **Ditalini** mit Bohnen.
Sgranati steht in Kampanien für »frisch«, und das meint Bohnenkerne direkt aus den Schoten. Öl, Knoblauch, Tomaten, Stangensellerie, Oregano oder Petersilie und Peperoncino sind die Zutaten. Wer ein neapolitanisches Ragout zur Hand hat, gibt drei Eßlöffel dazu.

Pasta *e fagioli (pasta e fasioi):* Nudeln und Bohnen. Bohnen gibt es überall im Veneto, und die Zubereitung dieses Gerichtes ist unterschiedlich. Das beginnt schon bei den Teigwaren. Breite Tagliatelle nimmt man in und um Vicenza, Bigoli scuri in und bei Verona, Fettuccine strette findet man im übrigen Veneto in dieser Minestra. Die Konsistenz ist unterschiedlich; manchmal sind alle Bohnen püriert, so daß es sich um eine sämige Suppe mit gemischten Nudelsorten handelt. Vielfach püriert man nur eine Hälfte und beläßt die andere ganz. Speck, verschiedene Gemüse, auch Tomaten, Rosmarin, Knoblauch und manchmal auch eine Speckschwarte gehören dazu. Bei Tisch verwendet man gutes Olivenöl und würzt mit frisch gemahlenem Pfeffer.

Pasta *al forno:* Auch **Timballo**, im Sizilianischen nennt man sie *›timmala‹* oder *›sfurmatu‹*. Als traditionelles Gericht der Insel ist ihr Bekanntheitsgrad weit über Italien verbreitet. Besonders beliebt sind Anelletti al forno. Sie werden mit Kalbs- und Schweinehackfleisch, Parmesan, Erbsen, Zwiebeln, Knoblauch und gekochtem Schinken, mit Tomatenmark, fritierten Auberginenscheiben, Petersilie und Gewürzen zubereitet und damit schichtweise mit geriebenem Käse in eine Auflaufform gefüllt und überbacken.

Pasta *e lenticchie:* Nudeln und Linsen.
Am besten nimmt man für diese Minestra kurze Nudeln, z. B. Maccheroncini. Die weiteren Zutaten sind Linsen, Öl, Zwiebeln, Tomaten, Fleischbrühe, Petersilie, Zimt.
Als Variante kann man auch Speck, Schwarte oder Schinken mit kochen; oder auch Endivien, Zwiebeln, Olivenöl und Ditalini.

Pasta *›all'uminina‹:* Eine auf Sizilien bekannte und beliebte Speise. Wie überhaupt Pastagerichte hier in Sizilien einen hohen Stellenwert haben.
Lange vor den Neapolitanern als *mangiamaccarruni* bezeichnet, lassen sich die Sizilianer eher von einem Teller Nudeln als von einer Suppe begeistern. Etwas abwertend nennt man einen Teller *brodo* deshalb auch ›acquazza‹.
Die Pasta *all'uminina* wird in der Gegend *delle Madonie* gekocht. Man benötigt dazu eine Creme aus wildem Fenchel, Pancetta und Olivenöl, dazu selbstgemachte Lasagne als quadratische Nudelplatten.

Pasta *›cchi masculini‹:* Es ist eine Spezialität auf Sizilien.
Masculini sind sehr kleine, schmackhafte Sardellen, die in der Gegend um Catania gefischt werden. Man macht eine Soße aus Olivenöl, Knoblauch, Petersilie, Sardellen und nimmt ganz im Gegensatz zu anderen Fischgerichten hier geriebenen Schafskäse.

Pasta *›con la mollica‹ (›cu'ra muddica‹):* Brotbrösel sind in der ärmeren Küche, vor allem, wie hier in Kalabrien, in denen des Südens, immer Ersatz für Käse gewesen.
Altbackenes Brot wird fein zerbröselt, in Öl, Knoblauch und frischem Oregano angeröstet und vermischt es mit Bucatini oder einer anderen langen Pastasorte.

Pasta *›'ncasciata‹': 'Ncasciata* bedeutet im Sizilianischen soviel wie in eine Form eingeschichtet.
Es ist ein Auflauf, der mit kurzen Maccheroni, Ragout, Fleischbällchen, gekochten Eischeiben, Salami und viel Caciocavallo zubereitet wird.
Bei Tisch serviert man reichlich Ragout und Käse.

Pasta *e pane:* Nudeln und Brot.
Es ist ein einfaches und gutes Gericht aus der Toskana, das aus Kohl, Bohnen, einer kurzen Pastasorte und Brot besteht.

Pasta *e patate:* Nudeln und Kartoffeln.
Neben Pasta *e pane* ist dieses Gericht eines der einfachsten der italienischen Pastaküche.

Pasta *›a picchi pacchiu‹:* Auf Sizilien kennt man zwei verschiedene Rezepte mit dieser Bezeichnung und bei beiden nimmt man andere Pastasorten.
Vermicelli, reife Tomaten, Knoblauch, Basilikum und Anchovis; oder Maccheroncini rigati mit fritierten Auberginen.
Eine andere Version ist die
– *›a picchio pacchio‹:* ein Gericht, das mit **Margherite** bereitet wird; für die Soße nimmt man frische, reife Tomaten, Zwiebeln, Knoblauch, Basilikum und Olivenöl.

Pasta *›alla Norma‹:* Eines der bekanntesten Nudelgerichte, das weit über Sizilien hinaus berühmt geworden ist.
Kreiert wurde es in Catania, und die Legende erzählt, daß bei einem Künstleressen Nudeln serviert wurden, deren Duft und Geschmack sowie die Art der Zubereitung einen der Anwesenden zu diesem Spruch veranlaßt haben: »Ma questa è Norma!« Dies reichte aus, um für immer Bellini und seine ›Norma‹ mit Nudeln und einer Soße aus Tomaten, Auberginen, frischem und gesalzenem Ricotta, Olivenöl und Basilikum in Zusammenhang zu bringen.
Als Pastasorte eignen sich Spaghetti oder Bucatini.

Pasta *›co'riquagghiu‹:* Mit **Rigatoni rigati** oder **Maccheroni** macht man auf Sizilien dieses Gericht, zu dem einfach nur verquirlte Eier und guter Käse von der Insel benötigt werden.
Mit den angebenen Zutaten, gutem Olivenöl und Petersilie werden die sehr al dente gekochten Nudeln vermischt, nochmals kurz aufs Feuer gestellt, durchgeschwenkt und sofort serviert.

Pasta *›al sacco‹:* Gefüllte Teigtaschen, aus den Marken.
In und um Macerata wird niemand bei einem Hochzeitsessen auf diese Nudeln verzichten wollen. Es handelt sich dabei um eine für Italien nicht unbedingt übliche Zubereitungsart:
Aus Mehl und Wasser wird ein Teig bereitet, den man dünn ausrollt. Gekochter Spinat und Schinkenscheiben werden fein gehackt, gut vermischt, auf den Teig gestrichen, zu einer großen Rolle geformt, in eine Serviette gelegt und darin gekocht.
Auf zwei Arten serviert man diese Nudeln: zuvor in Scheiben aufgeschnitten und in eine ausgebutterte Kasserolle mit Ragout und Parmesan zum Überbacken in den Ofen geschoben; oder man schneidet die Teigrolle in Würfel und überstreut sie in einer Fleischbrühe mit Parmesan.

Pasta *›coi broccoli in tegame‹:* Pasta mit Brokkoli, aus Palermo.
Der sizilianische Brokkoli ist eigentlich der weiße Blumenkohl. Besser bekannt ist dieses Gericht auf der Insel unter dem Namen *›broccarriminata‹*.
Es verweist auf arabische und spanische Einflüsse, wobei die Verwendung von Safran, Pinienkernen und Sultaninen – was übrigens auch für andere sizilianische Rezepte gilt – den ›barocken‹ Ursprung des Gerichts verrät.
Brokkoli, Zwiebeln, Sardellen, Pinienkerne, Sultaninen oder Rosinen, Safran und Knoblauch, Caciocavallo, Olivenöl mit Bucatini oder Spaghettoni.

Pasta *›col finocchio selvatico‹:* Pasta mit wildem Fenchel.

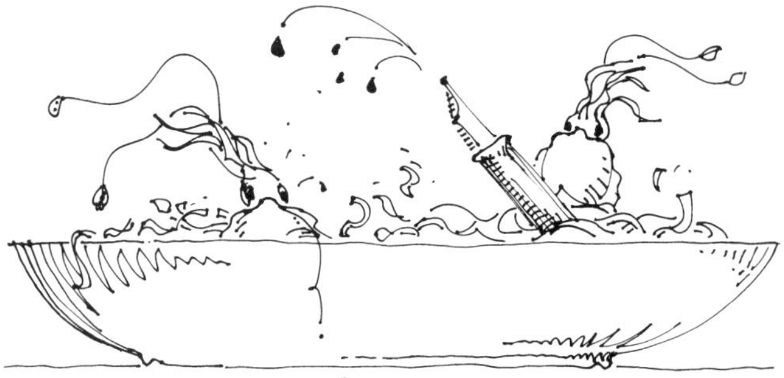

Pasta *›con le sarde‹ (›cu li sardi‹):* **Bucatini oder Perciatelli grossi** mit frischen Sardellen.
Dieses Gericht hat auf Sizilien eine große Tradition.
Die wichtigste Zutat ist der wilde Bergfenchel, ohne den es nur halb so gut schmeckt.
– *›alla palermitana‹:* Öl, Sardinen, Zwiebeln, einige gesalzene Anchovis, Sultaninen, Pinienkerne und Safran mit viel wildem Fenchel ergeben eine ausgezeichnete Soße. In der Kombination mit Tomaten wird Safran nicht verwendet. Das Ganze kann man in eine Auflaufform schichten und zum Gratinieren in den Ofen schieben. Es kann warm und auch kalt gegessen werden.

Pasta *›con la salsa e melanzane‹ (›cca sarsa e milinciani‹):* Maccheroncini mit Tomaten und Auberginen.
Pasta cca Norma heißt dieses Gericht in Kalabrien. Es handelt sich um Maccheroncini mit einer Soße aus reifen Tomaten, Auberginen, *Ricotta salata* (ein gesalzener Käse zum Reiben), viel Basilikum, Zwiebel und Olivenöl.

Pasta *›con le seppie‹ (›Pasta cù niuru di sicci‹):* Spaghetti mit Tintenfisch, wie sie auf Sizilien gegessen werden.
Man benötigt Zwiebeln, Tomaten, Petersilie, kleingeschnittene Tintenfische samt Tinte für die Soße.
Bei Tisch mit Pecorino und reichlich Petersilie bestreuen.

Pasta *›con le foglie di zucchina‹ (›coi tenerumi‹):* Nudeln mit Zucchinisprossen auf sizilianische Art. Für *tenerumi* gibt es im Italienischen kein wirklich vergleichbares Wort; *tenerezze* trifft die Bedeutung noch am ehesten. Es sind die jungen Sprossen (Triebe) der Zucchini, die in einigen Orten im Hinterland der Insel *càddi di cucuzza* genannt werden. In Ragusa und Palermo kennt man die meisten Zubereitungsvarianten.
Sie sind alle einfach, wobei es im lokalen Sprachjargon sogar einen Ausdruck für diese Einfachheit gibt: *»manciàri pasta chi tinnirùma«*, was so viel heißt wie etwas zum Essen aus nichts zubereitet. Tomaten, mehrere Zucchinisprossen, Zucchini und Kartoffeln werden kleingeschnitten und mit Knoblauch und Peperoncino in Olivenöl gedünstet. Danach gießt man Wasser zu und läßt alles kurz kochen. Zwischenzeitlich die Spaghetti in ein Küchenhandtuch legen, mit dem Handballen zerdrücken und zu dem Gemüse geben.
Sind die Nudeln al dente, wird das Ganze noch mit etwas Öl beträufelt.

Pasta *›con l'uovo fritto‹:* Nudeln mit Rühreiern, aus Kalabrien.
In Catanzaro nimmt man kurze oder lange Nudeln. Peperoncino, Eier und viel Pecorino sind die Zutaten.

Pasta mista corta: Gemischte kurze Nudeln für Gemüsesuppen.

Pasta mista lunga: Gemischte lange Nudeln für Suppen.

Pasta rasa o rasida o pasta trida: Eine Spezialität aus der Lombardei.
In Mantua wird diese Minestra vor allem sonntags gern gegessen. Dann werden die Teigwaren in einer guten Fleischbrühe (Huhn oder Rind) gekocht und sind immer von reichlich Parmesan begleitet. Wochentags ist dieses Gericht etwas ärmlicher, dann ist es nur mit Wasser gekocht.
Gramolini wird dieses Gericht im Piemont genannt.
Aus Weizenmehl, Eiern und Wasser einen Teig bereiten, der so beschaffen ist, daß man ihn durch eine großlöchrige Reibe drücken kann. Aus frischen Bohnen, Tomaten, Speck, 1 dicken Kartoffel, 1 Zwiebel, 1 Knoblauchzehe und diversen Gewürzen eine Suppe kochen. Zum Schluß die Pasta 2 Minuten mit kochen, alles in eine Schüssel umfüllen, einige Minuten ruhen lassen und mit reichlich geriebenem Parmesan servieren. Die Suppe kann heiß, aber auch lauwarm gegessen werden.
In einer Knochen- oder Fleischbrühe ist die Minestra gehaltvoller; vielfach wird an Stelle von Speck auch Küchensahne verwendet.

Pasticcio: Hierbei handelt es sich immer um eine Pastete, die besonders in der Emilia-Romagna eine lange Tradition hat.

Pasticcio: Pasticcio di tortellini, di tagliatelle, di maccheroni coi piccioni *(mit Taubenfleisch)*, **di cappelletti alla reggiana,** *oder* **di parpadelle:** Die Pastete kann aus einer oder verschiedenen auch gefüllten Nudelsorten bestehen. Zusätzlich gibt man noch Hähnchenleber, Kalbfleisch, Schinken oder Würste, Kalbsmark, etwas Marsala, viel Parmesan und eine Béchamelsoße hinzu. Alles wird zusammen in eine mit Mürbeteig ausgelegte Form eingefüllt, mit Teig abgedeckt und gebacken.

Pastina: Es ist der Sammelbegriff für viele verschiedene kleine Pastasorten. Sie werden immer für die Suppe verwendet.

Pastratedda: Dialektform in Modica für **Pasta grattugiata.**
– ›*con cavolfiore e ricotta*‹: Mit Blumenkohl und Ricottakäse. Der Pastateig wird von Hand zu kichererbsengroßen Kugeln geformt und mit gekochtem Blumenkohl und frischem Ricottakäse sowie einem guten Olivenöl vermischt.

Paternostri: Wie **Ditalini**, für die Suppe.

Penciarelle: Am Tag des San Ginesio bereitet man eine Pasta aus Mehl und Hefe, Eiern oder nur Wasser zu.
Es handelt sich dabei um sehr schmale **Tagliatelle**, die mit verschiedenen Soßen angerichtet werden.

Penne/lisce o rigati: Federn, Maccheroniart, kurz mit Schrägschnitt, glatt oder gerillt.

Penne a candela: Penne, in Kerzenform.

Penne a mezzanello: Penne, dünn, an beiden Seiten spitz, wie ein Federkiel.

Penne a mezzano: Penne, mittlere Größe.

Penne di mezzani: Penne, mittelgroß.

Penne di natale: Penne für Weihnachten.
In vielen Regionen Italiens werden von den Pastaherstellern Nudelsorten nur für Feiertage hergestellt.

Penne regina: Königliche Penne.

Penne di zite: Penne, schräggeschnitten, groß.

Penne di zitoni: Penne, schräggeschnitten, noch größer.

Pennette, Penettine: Federchen, Penne, klein.

Pennoni rigati: Besonders große Penne, gerillt.

Peperini: Peperinnudeln.

Perciatelli: Hausgemachte, dickere Spaghetti, aus der Basilikata. Man nennt sie auch **Maccheroni inferrettati.**

Perciatelle ›*e lumache*‹: Dicke Spaghetti mit Schnekken aus Kalabrien.
Mit einer Soße aus Schnecken, Olivenöl, Knoblauch, frischen Tomaten, Peperoncino, Petersilie, Pecorino.

Perciatelloni: Sehr dicke Spaghetti.

Perline: Halbe Perlen, für die Suppe.

Pesciatelli: Hausgemachte **Fusilli**, aus der Basilikata. Sie werden hier und auch in anderen Regionen **Maccheroni inferrettati** genannt, weil das Herstellungsgerät dünn und lang wie eine Stricknadel ist.

Pestarici: Auch **Gnocchetti di farina.**
In Venetien werden sie in Wasser und Milch gekocht.

Pestazzule: Orecchiette, groß.

Pezzòle: Piccole pezze aus den Marken.
Aus Mehl und warmem Wasser einen Teig kneten, in kleingeschnittenen Quadraten in reichlich Salzwasser kochen und mit einer Soße aus Speck (Pancetta), Zwiebeln, Karotten, Tomaten und Sellerie sowie viel Parmesan servieren.

Picagge, Piccagge: Fettuccine, Lasagne oder kleine Bänder aus Ligurien.
Sie werden meist mit einem Pesto aus Petersilie, Pinienkernen, Walnüssen und ligurischem Olivenöl oder dem klassischen Pesto mit Basilikum zubereitet, aber nicht überbacken. In Genua und Umgebung reicht man sie auch mit einer Soße aus Artischocken.
In Savona sind die Picagge **Lasagnette larghe,** eine etwas breitere Sorte, die mit einem ›cannello‹ geschnitten wird und auf verschiedene Art zubereitet werden kann. Man ißt sie dort mit Pesto oder auch mit viel Knoblauch und Petersilie oder mit frischen Pilzen.

Picagge verdi: Der Teig wird mit gekochtem Borretsch, Eiern und Weizenmehl bereitet.

Picagge ›*matte al pesto*‹: Sie haben die Form von 5 cm langen und 1 cm breiten, verdrehten Schnüren. Bekannt in Genua und Umgebung, wo man sie bevorzugt mit einem leichten Basilikumpesto, Kartoffeln und dicken Bohnen (*fave*) ißt. Der Teig besteht aus Weizen- und Kastanienmehl.

Picchiarelli: Hausgemachte rustikale Spaghetti, aus Umbrien.

Picchiettini: Nudeln, die den Maccheroni ähnlich sind, auch **Manfricoli.**
Sie sind in Umbrien verbreitet.

Pici: Weitläufiger Verwandter der **Spaghetti**, kommt aus der Toskana.
Vor allem in Chiusi, Montagnola und Siena war es von jeher ein ›*piatto della miseria*‹, also ein Gericht armer Leute. Nur ganz wenig Öl träufelte man auf die Nudeln.

Heute hat sich das weitgehend verändert. Noch immer gibt es sie hausgemacht mit Weizenmehl, (Ei nur für die Farbe der Nudeln) und Wasser. Und man findet sie auch noch recht einfach zubereitet mit gutem Olivenöl und gerösteten Bröseln. Natürlich ist ein Ragout viel beliebter.

– ›*con uova di luccio*‹: Nur einmal im Jahr, von der ersten Hälfte des Februar bis Anfang Mai, gibt es in Chiusi diese dünnen Nudeln mit den Eiern (Rogen) des Hechts *(luccio)*. Eine Soße aus Öl, Zwiebeln, Tomaten und Petersilie kurz dünsten, den Rogen zugeben und bei kleiner Hitze nur wenige Minuten köcheln.

Pinci: Pinci sind wie **Pici**, sie werden nur in einigen Regionen der Toskana so genannt.
Diese Variante aus Montalcino ist anstrengend in der Herstellung. Bei den Pinci sollte kein industriell hergestelltes Weizenmehl genommen werden, sondern ein Mehl, das noch auf althergebrachte Weise gemahlen wird und dadurch etwas grober ist. Der Teig wird lange von Hand bearbeitet, und die Nudeln werden dann mit beiden Händen lang und länger gezogen, bis sie dünn sind. Es ist keine Arbeit, die die Frauen mal so nebenbei erledigen können. Auch das ein Grund, weshalb es diese Teigwaren nicht mehr so häufig wie früher gibt. Für die Kinder, so erzählen die Großmütter heute noch, war es früher ein großes Vergnügen, beim ›Ziehen‹ der Nudeln *(filare i pici)* zu helfen.
Die Soße ist heute reichhaltig: Zwiebeln und Stangensellerie in Öl anbraten, mageres Rindfleisch, Hühnerfleisch und Schinken, Hähnchenlebern und Innereien zerkleinert zugeben und nach einer halben Stunde frische Tomaten und ein wenig Fleischbrühe zugeben und einköcheln lassen. Mit reichlich Pecorino bestreuen.

Pillus: Sardische Teigblätter (Lasagne), hauchdünn.
Diese Nudeln haben eine Ähnlichkeit mit der **Lasagne di carnevale** in Neapel.
Tomatensoße, eine Fleischfarce, weichen Käse, und hartgekochte Eier abwechselnd mit den Teigblättern in eine Auflaufform schichten und überbacken.

Pingiarelle: Gnocchetti, aus den Marken.
In Pesaro macht man die Pingiarelle aus einem mit Mehl, Eiern und Öl bereiteten Teig. Es werden kleine Bällchen geformt, die man mit dem Daumen leicht drückt. Mit einem Ragout oder mit *brasato*, einem Schmorbraten, sind sie sehr beliebt.

Piombi, Piombini: Plomben, klein, für die Suppe.

Pipe, Pipette, mezze Pipe: Pfeifen, klein, halbes Format.

Pipette/tricolore: Pfeifen/dreifarbig.

Pisarei: Conchigliette oder **Gnocchetti**, aus der Emilia-Romagna.
›*Pisarei*‹ heißen sie im Dialekt; sie sind hausgemacht und nicht größer als die Bohnen, mit denen sie vielfach zubereitet werden.

Pisarei ›*e fasò*‹ *(Pasta e fagioli)*: **Gnocchetti** und Bohnen.

Dieses Gericht ist in der Emilia so bekannt wie die Pappardelle in der Toskana oder die Agnolotti im Piemont.
Je geschickter eine Köchin mit ihren Händen ist, um so besser gelingt es ihr, die sehr kleinen Nudeln herzustellen. In Piacenza ging sogar die Geschichte um, daß sich Mütter heiratsfähiger Söhne die Daumen ihrer zukünftigen Schwiegertöchter genau ansahen und gegebenenfalls auch dieses Gericht von ihnen vorkochen ließen.
Für diese Spezialität benötigt man folgende Zutaten: Bohnenkerne (am besten *borlotti*), Butter, Semmelbrösel, *pistà 'd grass*, das ist weißer Speck zusammen mit Petersilie und Knoblauch kleingehackt, Zwiebel, Tomaten, Basilikum und Parmesan. Die Pasta wird nur aus Weizenmehl und Wasser hergestellt.

Pisarei ›*e fasö*: Veränderte Schreibweise, veränderte Zubereitung. Hier werden die Gnocchetti mit Brotkrumen, Milch und Mehl hergestellt, gekocht und mit einer Tomatensoße, Bohnen und viel Parmesan vermischt. Nach Belieben kann die Hälfte der Bohnen püriert werden.

Piselli, Pisellini: Erbsen, Erbschen.

Pizzelle: Rhomben.
Sie werden in Apulien aus Hartweizenmehl und Wasser hergestellt.

Pizzicotti: Spaghetti, aus Umbrien.
Sie sind etwas rustikaler als die gekauften, werden aber auch aus Hartweizenmehl und Wasser hergestellt.

Pizzoccheri: Breite lombardische Nudelstreifen aus Weizen- und Buchweizenmehl sind eine Spezialität aus dem Valtellina. Es ist ein typisches Gericht aus den Bergen.
In Teglio bereitet man es mit Wirsing, Kartoffeln, Knoblauch, Zwiebeln, Butter und *bitto di malga*, einem Käse aus der Region.

Pociacche: **Orecchiette**, nur etwas größer. Sind sie etwas kleiner, so nennt man sie in Apulien und Süditalien **Chianchiarelle.**

Puntalette: Wie Reiskörner.

Punte d'ago: Nadelspitzen, für die Suppe.

Puntine, Puntette: Pünktchen, klein und groß, für die Suppe.

Q

Quadretti, Quadrettini: Quadrate, in unterschiedlichen Größen im Handel erhältlich.
Wenn beim Zubereiten einer Pastasorte Teig übrigbleibt, schneidet man daraus quadratische Stücke in verschiedenen Größen und verwendet sie für die Suppe.

Quadrucci: Den Nudelteig, in den geriebener Käse und glatte Petersilienblätter eingearbeitet werden, bereitet man wie folgt: Zwischen zwei dünn ausgerollten Teigbahnen legt man die Petersilienblätter (auch andere Kräuter) und rollt sie fest oder läßt sie durch die Pastamaschine laufen. Danach Quadrate (Quadrucci) von unterschiedlicher Größe ausschneiden, in Brühe kochen und darin servieren oder mit Soße anrichten.
Es ist eine alte Verfahrensweise aus Apulien. Gualtieri Marchesi, der Begründer der Nuova Cucina Italiana hat vor einigen Jahren damit begonnen, sie wieder aufleben zu lassen.
Seine Handschrift trägt auch die neueste Pastakreation, die mit Trüffelscheiben anstelle von Petersilienblättern hergestellt wird. Unter einem anderen Namen werden sie in seinem neuen Restaurant »L'Albereta« angeboten: ›*Ravioli aperti*‹, offene Ravioli, bei denen es sich um quadratische Lasagneplatten (7x7 oder 9x9 cm) handelt.

Quartella: Spezialsorte, Vier-Loch-Nudeln, kurz. Sie wird auf Sizilien nur zu einem einzigen Anlaß produziert, und zwar einmal jährlich zu Karneval. Danach sucht man vergebens in den Geschäften nach dieser Sorte. **Cinquebuchi** (Fünf-Loch-Nudeln) haben die gleiche Kurzlebigkeit. Beide Nudeln ißt man mit einer kräftigen Tomatensoße.

R

Radiatori: Radiatoren, Volantnudeln, klein.

Ravioli: Gefüllte Teigtaschen.
Raffioli, rafioli, raviggioli, ravanoli und ravioles, ruffioli, raviouli, ravioeu, raviolini.
Die Herkunft der Ravioli ist nicht leicht zu bestimmen. Sie sind keiner italienischen Region zuzuordnen, wobei man mit Sicherheit sagen kann, daß sie aus der ›reichen‹ Küche stammen, sie also fast immer auf den Tellern der Bürger und Adligen zu finden waren. Bei den großen Banketten tauchen sie nicht unter den Vorspeisen auf; vielmehr reichte man sie als Beilage zum Hauptgericht, das in der Renaissance sehr üppig war und immer aus mehreren Fleischsorten bestand. Überwiegend servierte man Kapaun und Wild, deren Reste stets für die Raviolifüllung verwendet wurden. Besonders gut schmeckten sie in Bratensoße angerichtet. Ungeklärt ist, ob sie sich im 12. Jahrhundert von Ligurien aus oder von der Küche des Piemonts überallhin verbreitet haben. Man weiß von einem Osteriabesitzer namens Raviolo aus Gavi, der die Teigtaschen aus Eiern, Kräutern und Pecorino herstellte und möglicherweise seinen Namen dafür gab. Eine durchaus übliche Gepflogenheit, bei der es sich immer um Persönlichkeiten oder berühmte Köche handelte.
Es gibt interessante etymologische Untersuchungen, die etwa besagen, daß das Wort Raviolo in die Fußstapfen von Raviola tritt (weibl. Substantiv), das wiederum von *gravis* abgeleitet soviel heißt wie gefüllt oder schwer.
Für die Bewohner von Gavi sind die Ravioli ein Heiligtum; nicht wenige essen sie heute noch anstatt mit einer Soße nur mit Wein.
In den folgenden Jahrhunderten hat sich die Füllung geändert. Sie konnten entweder süß oder sauer und auch beides sein, mit und ohne Teig gekocht oder in Fett fritiert.

Ravioli aperti: Offene Ravioli.
Selbstgemachte Lasagneblätter (7x7 oder 9x9 cm) mit eingepreßten Kräutern oder Trüffeln, weiß, grün oder andersfarbig.
Servieren kann man sie mit Pilzsoße, Fisch und Krustentieren, Pesto oder einem Ragout aus verschiedenen Lebern.

Ravioli aus der Basilikata: Gefüllte Teigtaschen, halbmondförmig.
– ›*alla potentina*‹: Für die Füllung nimmt man rohen, kleingewürfelten Schinken, Ricotta, Kräuter, Eier und Pecorino. In Potenza ißt man dazu ein Ragout aus Hammelfleisch, Peperoncino und Ricotta forte.

Ravioli aus Ligurien: ›*Ravieu*‹, gefüllt, kleine quadratische Teigkissen.
Die ligurische Küche kennt mehrere Rezepte für Ravioli-Füllungen. Die wohl typischste Art ist die der **Pansôti.**
Es gibt Füllungen, wie die aus Fisch, die wohl Tradition haben, doch eher von Touristen bevorzugt werden. Die Ligurer beharren da schon auf ihren traditionellen ›grünen‹ Füllungen. Deshalb fehlen fast nie Borretsch, Mangold oder andere Kräuter.

Zum *sugo classico genovese* (*›tocco‹* oder *›toccu‹*), der klassischen Soße aus Genua, nimmt man Kalb- oder Rindfleisch, Rindermark, Olivenöl, Gemüse zum Anbraten, Weißwein, Tomatensoße, Steinpilze und Gewürze. Mit Fleischsoße und Parmesan anrichten.
– *›verdi alla genovese‹:* Mit Spinat, Mangold, Kalbfleisch, Petersilie, Basilikum, Grana und Eiern.
– *›alla genovese‹:* Der Teig wird nur aus Weizenmehl und Wasser hergestellt.
Die Farce (Füllung) besteht aus Kalbfleisch, Hirn, Bries, Eiern, Endiviensalat, Borretsch, Fleischbrühe, Semmelbrösel, Majoran, Fleischsoße, Parmesan und Butter.
– *›di carciofi‹:* Mit einem Ragout aus Artischocken, Knoblauch, Petersilie und Weißwein füllt man die Ravioli.
– *›sanremesi‹:* In und um Sanremo füllt man die Teigtaschen mit Mangold, gekochtem Fleisch oder Braten, Eiern und Parmesan.

Ravioli *›di Quaresima‹:* Ravioli, gefüllt, kleine Quadrate, aus der Lombardei.
Die Mailänder haben für *›ravioeu‹* keine weitere Bezeichnung in ihrem Dialekt; auch kennen sie nur wenig Zubereitungsarten. Gern hat man sie in der Fastenzeit.
– *›alle rane‹:* mit Fröschen zubereitet. Es ist ein feines Gericht. Für den Teig benötigt man 300 g Mehl, 3 Eigelb, Salz und lauwarmes Wasser. Die Füllung besteht aus 1 kg gesäuberten Fröschen, 1 Flußfisch (300 g), je 1 kleinen Karotte, Zwiebel, Sellerie und Knoblauch, 1 Bund Petersilie, 1 Ei, Butter und Parmesan. Die Ravioli werden in der Froschbrühe gekocht und gegessen. Vor dem Servieren mit sehr viel Parmesan bestreuen.
– *›agrodolce‹:* Für diese Füllung nimmt man Fleisch vom gebackenen Huhn, Rindermark, Bratenfleisch, geriebene süße Plätzchen, Eigelb, Brot in Fleischbrühe eingeweicht, Zimt, Grana. Der Pastateig wird aus Weizenmehl, Eigelb, lauwarmem Wasser und Butter hergestellt.

Ravioli aus dem Piemont: *›Ravieu‹* heißen die Ravioli im piemontesischen Dialekt.
In Gavi (südlich von Alessandria und ganz in der Nähe zur ligurischen Grenze) hat jeder Haushalt sein eigenes Ravioli-Rezept. Gekocht wurden sie früher nur zur Herbstzeit. Ravioli zu essen, war immer mit einem besonderen Tag verbunden.
Der Teig wird mit Eiern bereitet und so dünn ausgerollt, daß die Füllung durchscheint. Rindfleisch bekommt stets den Vorzug vor Schweinefleisch; immer dabei sind Würstchen, Knoblauch nach Belieben, auch fehlt nie Majoran.
Gegessen werden die gefüllten Ravioli entweder in Rotwein, mit Fleischragout oder in einer guten Brühe.

Ravioli aus Sardinien: Gefüllte Teigtaschen, quadratisch oder rechteckig.
– *›di melanzane‹:* Auberginen, Ricotta, Basilikum, Petersilie, Eier, Pecorino und Walnüsse verwendet man für die Füllung.

Ravioli aus dem Trentino: Gefüllte Teigtaschen, halbmondförmig.
– *›di grasso‹:* Rostbraten, Schinken, Zwiebel, Petersilie, Eier, Brotkrumen oder
– *›di magro‹:* Fisch, Butter, geröstete Zwiebeln, Eier, Brotkrumen und Petersilie als Füllung.
– *›pusteresi‹:* Der Teig besteht meist aus Roggenmehl, Milch, Eiern und Butter. Für die Füllung verwendet man Spinat, Wirsing oder Sauerkraut, Butter, Schnittlauch, Weißkäse; sie wird mit Salz und Kümmel abgeschmeckt. Gegessen werden die Ravioli mit Butter und geriebenem Käse. Mit der Sauerkrautfüllung backt man sie bevorzugt in Schmalz.

Ravioloni: Ravioli, groß, wie **Caicc.**
Man nennt sie in der Lombardei auch **Tortelli della vigilia.**

Recchie: Orecchiette, Ohren, klein, aus Apulien.

Regine: Fingerlange Nudeln, mit Loch.

Reginelle: Fettucce, an den Rändern gekräuselt.

Reginette: Schönheitsköniginnen, **Fettucce**, besonders schöne Kräuselung.

Ricciarelle, Riccioline: Gelockte Bandnudeln mit schöner Kräuselung an beiden Seiten.

Ricciolo: Wie **Tortiglioni**, Spiralen, kurz, aus Süditalien.

Ricurvi: Schnecken, klein, wie **Chiocciole.**

Rigatoncini: Kleine Gestreifte, Röhrennudeln, kurz.

Rigatoni: Große Gestreifte, Röhrennudeln, kurz.
– *›alla Toranese‹:* Diese Spezialität aus Torano Castello wird nur mit frischem (weißem) Speck, Zwiebeln und viel Pecorino zubereitet.

Rigatoni co'la pajata: Spezialität aus dem Latium.

Rigatoni romani: Gestreifte, Röhrennudeln, kurz und weniger dick.

Rillo, Rollini: Röllchen, klein, für die Suppe.

Risone: Reiskörnergroße Pasta.

Rizzetta: Neapolitanische Nudelsorte.

Rocchetti: Spulen, kurze Nudeln.

Roefioej: **Strangolapreti** aus Trient, speziell aus dem Giudicarie-Tal.

Roselline: Ringelchen, für die Suppe.

Rotelle, Rotelline: Räder mit Speichen, klein, für Minestrone.

Rosmarino: Rosmarinnadeln für die Suppe.

Rotine: Ringelchen, für die Suppe.

Rufioi de coscia: Stöckchen, wie **Bastoncini**, aus Venetien.
In Cortina d'Ampezzo werden sie mit einem Hartkäse, *zigar (ricotta affumicata e dura)*, und selbstgemachter Butter aus den Bergen gegessen.

Ruote/tricolori: Räder mit Speichen, groß/dreifarbig.

S

Sagne chine: **Lasagne imbottite** oder **Lasagne piene.**
Es ist die ›gefüllte‹ Lasagne für große Gelegenheiten in Kalabrien. Vergleichbar aufwendig und gehaltvoll ist nur die *lasagne di carnevale napoletane.*
Für die Pasta nimmt man Hartweizenmehl.
Die Zutaten für diesen reichhaltigen Auflauf sind zum Teil von der Jahreszeit abhängig.
Das Grundrezept setzt sich zusammen aus Schweinefleischbällchen, Pilzen (frisch oder getrocknet), Mozzarella, Sellerie, Zwiebeln, hartgekochten Eiern, viel Pecorino, Bratensoße, Öl und neben Lorbeerblättern den üblichen Gewürzen. Frische Erbsen und Artischocken sind Hauptbestandteil der Füllung im Frühjahr und Sommer; außerdem werden mehr Wurstsorten und auch Fleisch beigegeben. Die Lasagne wird mit reichlich Käse bestreut und überbacken.

Salamini: Salami, kleine Nudeln.

Salatielli/in matassa: Spaghetti, sehr lang/gewickelt.
Sie sind in Kalabrien verbreitet.
Je nach Jahreszeit ißt man diese Nudeln in Potenza mit einem Fleischragout und geräuchertem Ricotta oder mit einer Soße aus Öl, Anchovis (Sardellen) und Peperoncino, Knoblauch und Petersilie sowie geriebenem Brot.

Scaloppi: Spaghetti, dick, hausgemacht, wie **Perciatelli.**
Man bereitet sie in Kampanien gern mit dem berühmten *ragù alla napoletana* zu.

Schiaffettoni: Gefüllte Maccheroni aus Kalabrien.
Große Maccheroni werden mit einer Farce aus Hackfleisch, Würstchen, Salami, Öl oder Schmalz, Pecorino und Eiern gefüllt und mit Käse überbacken.

Schiaffoni: Heftige Ohrfeigen, kurze Nudeln, glatt, mit Loch, aus Süditalien.

Sciablò, Sciabò: Lasagne, doppelt gezackt, aus Kampanien und Süditalien.
Ein Ragout aus verschiedenen Fleischsorten mit viel geriebenem Ricotta.

Sciabò, lunga: Lasagne, lang.

Sciatt: Ravioli, aus der Lombardei (Valtellina, Sondrio)
Neben den Pizzoccheri gibt es hier diese Ravioli als regionale Spezialität.
Der Teig besteht aus zwei Mehlsorten, einem Glas Grappa oder Cognac und Wasser. Als Füllung wird der heimische *bitto*, ein Käse aus dem gleichnamigen Tal, bevorzugt. (Als Ersatz Fontinakäse, Robiola oder Schweizer Käse.) Die in Form von eingepackten Bonbons gefüllten Ravioli werden in Öl fritiert und sehr heiß gegessen.

Sciliatelli: Spaghetti, dick, hausgemacht, wie **Salatielli.**
Sie werden in Kalabrien bevorzugt mit einem Schweineragout und viel geräuchertem Ricotta gegessen.

Scivateddi: Spaghetti, dick, hausgemacht, wie **Salatielli.**

Sciviottini/rigati: Wie **Gramignone**, Maccheroniart, leicht gebogen/gerillt.

Sciviotti ziti/rigati: Maccheroniart, leicht gebogen/gerillt.

Sciviotti zitoni: Maccheroniart, leicht gebogen, größer.

Scivoloni: **Blisgon**, gefüllte Teigtaschen, rechteckig und an beiden Enden eingeschlagen.
Sie sind in der Lombardei verbreitet.
Hergestellt werden sie mit einer für Mantua so typischen süßlichen Füllung aus Kürbis und Gebäck.

Scrigno di Venere: Ein Pastagericht aus Kampanien.
Quadratische Teigplatten, grüne Tagliolini, gekochter Schinken, Butter, Küchensahne und Grana. Die vorgekochten Teigplatten werden in kleine, ausgebutterte Auflaufformen gelegt. Die kurz gekochten Tagliolini in Sahne, Schinkenstreifen und Käse schwenken und darauflegen. Mit einer weiteren Teigplatte belegen, mit Butter bestreichen und im Ofen überbacken.

Sedanetti: Sellerie, klein, Nudeln für die Suppe.

Sedani corti/rigati: Nudeln für die Suppe, klein/gerillt.

Sedani lisci grossi/rigati: Wie **Rigatoni romani,** Röhrennudeln für Auflauf/gerillt.

Seme d'avena: Haferkorn, Nudeln für die Suppe.

Seme di cicoria: Löwenzahnsamen, Nudeln für die Suppe.

Seme di grano: Weizenkorn, Nudeln für die Suppe.

Seme d'orzo: Gerstenkorn, Nudeln für die Suppe.

Seme di riso: Reiskorn, Nudeln für die Suppe.

Seme santo: Heiliges Korn, Nudeln für die Suppe.

Seme di mele: Apfelsamen, Nudeln für die Suppe.

Seme di melone: Melonensamen, Nudeln für die Suppe.

Seme di peperone: Paprikasamen, Nudeln für die Suppe.

Sementine: Saatgut, Nudeln für die Suppe.

Sformato di fedelini: Eine Zubereitungsart aus dem Neapel des 19. Jahrhunderts. Fedelini sind wie dünne **Vermicelli** oder wie **Capelli d'angelo.**
Zubereitet werden sie bei diesem Rezept mit einer sehr sahnigen Butter, die 30 Minuten cremig geschlagen wird und in die nacheinander Eier und Eigelb gerührt werden. Die kurz vorgekochten und abgekühlten Fedelini mit dieser Masse sowie geriebenem Parmesan vermischen und mit einem Ragout aus Hähnchenleber, Pilzen, Trüffeln und Schinkenstreifen abwechselnd in eine gebutterte und bebröselte Auflaufform füllen. Butter und Brösel als Abschluß und zum Überbacken in den Ofen schieben.

Sfresatine: Bandnudeln, beidseitig gefräst, aus Süditalien.

Sgazzeri: Eine Art **Gnocchi,** aus Kampanien.
Den Teig aus Weizen- und Hartweizenmehl, Salz, Wasser und Kartoffeln bereiten. In Gragnano ist es noch Brauch, diese Gnocchi herzustellen. Auch die Pastaproduzenten vor Ort haben die Sgazzeri in ihr Programm aufgenommen, allerdings ohne die Zugabe von Kartoffeln und Salz.

Sigarette: Zigaretten, wie **Schiaffoni,** aus Süditalien.

Sigarette mezzanelli/mezzani/ziti/zitoni: Zigaretten, in vier verschiedenen Größen.

Signorine: Fräulein (junge Damen), schöne, flache, lange Nudeln mit einseitiger Kräuselung, aus Süditalien.

Sopracapellini: Wie **Capellini,** dünn und lang.

Sorpresine: Überraschungsnudeln, für die Suppe.

Spaccatelle: Wie Crestine, leicht gebogen, nicht geschlossen.

Spaghetti: Das Synonym italienischer Pasta schlechthin; *spago* meint Bindfaden, Schnürchen oder auch kleiner Strick mit einem Durchmesser von 1,7–1,9 Millimetern.
Die Spaghetti betreten verhältnismäßig spät die Bühne der phantastischen Geschichte der Pasta. Erstmals taucht das Wort ›spaghetto‹ 1824 in dem Kurzepos »Li maccheroni a Napoli« auf, einem Werk von Antonio Viviani. Der letzte Name ist heute so für die italienische Pasta zugleich ihr erster und glorreichster.

Spaghetti aus den Marken: Sehr oft wurden Spaghetti in der Gegend um Osimo mit einem dünnen Röhrchen zu Hause hergestellt. Etwas, was heute nur noch in bäuerlichen Haushalten üblich ist.
Man ißt sie gern
– *›alle noci‹:* Die Zubereitungsart ist einfach: Für die Soße werden Knoblauch, Petersilie, Walnüsse und einige Pinienkerne in der Pfanne mit Olivenöl erhitzt, mit etwas Kochwasser verlängert und über die Nudeln gegossen. Käse wurde nicht dazu gereicht, ist aber durchaus zu empfehlen.

Spaghetti aus Umbrien: Die Zubereitung erinnert an die der Bucatini all'amatriciana. Nur fehlt dabei der frische Majoran.
In Spoleto werden sie
– *›col rancetto‹* zubereitet: Pancetta, Zwiebeln, frische, reife Tomaten, frischer Majoran, Pecorino und frisch gemahlener Pfeffer sind die Zutaten für die Soße.

Spaghetti aus Sardinien: Carloforte ist eine Stadt auf der kleinen Insel S. Pietro.
– *›alla carlofortina‹:* Die Soße besteht aus Öl, frisch verarbeitetem Thunfisch, Sardellen und zerkleinerten Oliven. Eine in Restaurants angebotene Variation: Mit *bottarga* (Rogen der Meeräsche oder des Thunfisches), aber ohne Sardellen, mit Weißwein, Tomaten, Knoblauch und frischen Kräutern der Insel.

Spaghetti aus Sizilien:
– *›alla salsa moresca‹:* Mit einer Soße aus Thunfischrogen, Sardellen, Peperoncino, geröstetem und geriebenem Brot, Petersilie, Knoblauch, dem Saft von je einer halben Orange und Zitrone, etwas Zucker, Zimt, Essig, Pinienkernen und Olivenöl.
– *›con uovo di tonno‹:* Mit *›caviale dei poveri‹.* Auf Sizilien sagt man, Rogen sei der Kaviar der Armen. Dieses einfache und gute Nudelgericht ist eine Spezialität aus der Stadt Trapani.
Man benötigt außer dem Thunfischrogen Knoblauch, Olivenöl, Peperoncino und Petersilie.

Im Mai und Juni gibt es die meisten Seeigel, somit auch die beste Zeit, sie zu kaufen oder selbst zu sammeln. Bei Vollmond sind die weiblichen Seeigel voll mit orange-gelben Eiern.
Viele warten erst gar nicht, bis die Nudeln gekocht sind und essen schon vorher die mit Zitronensaft beträufelten Eier.

– ›*con le uova di ricci*‹: Um dieses gute und exquisite Gericht zu bereiten, braucht man eine ganze Menge dieser Seeigel; dazu Knoblauch und sehr viel Petersilie sowie gutes Olivenöl.
– ›*con la neonata*‹: Ein sehr verbreitetes Gericht auf der Insel mit einer weit zurückreichenden Vergangenheit. *Neonate* sind winzige, neugeborene Fische, die auf allen Fischmärkten an der Küste angeboten und besonders geschätzt werden. Ihr schleimiges Aussehen steht allerdings dem Appetit derer eindeutig im Wege, die sie nicht kennen. Sie werden mit Tomaten, Knoblauch, Weißwein, Olivenöl und Petersilie zubereitet.

Spaghetti colorati: Gefärbte Spaghetti, rot, grün, gelb, schwarz.

Spaghettini: Dünner als Spaghetti.

Spaghettini ›*alla salsa di cipolle*‹: Mit Zwiebelsoße. Weiße Zwiebeln (die süßlicheren), frischer Thymian und Majoran, Weißwein sowie etwas Wasser für die Soße. Nach dem Kochen Sahne zufügen und mit den al dente gekochten Spaghetti vermischen. Mit Parmesan überstreut servieren.

Spaghettoni: Dicker als Spaghetti.

Spaghetti alla chitarra: Viereckige Spaghetti, hausgemacht, aus Süditalien.

Spighe: Wie ausgestanzte kleine Blätter. Sie werden überwiegend in Neapel hergestellt.

Spighitta: Gefüllte Teigtaschen, aus Sardinien.
Diese Ravioli sind mit gekochten Kartoffeln, eingelegtem Pecorino, frischer Minze und Knoblauch gefüllt. Ihr Teig wird aus Weizenmehl und Wasser geknetet und sie sehen aus wie kleine flach gedrückte Feigen. Gegessen werden sie mit flüssiger Butter oder Tomatensoße mit Kräutern. Man kennt sie auf der Insel auch unter dem Namen **Culingionis** oder **Culurzones**, wobei sie sich dann in Form und Füllung unterscheiden.

Spirale, Spirelli: Spiralen, kurz.

Spole, Spolete: Spulen, wie **Sigarette**, kurze Nudeln.

Stelle, Stellette, Stellettine, Stelloni: Sterne, in verschiedenen Größen, Nudeln für die Suppe.

Stivaletti, Stivalettini/rigati: Stiefelette, Stiefelettchen/gerillt.

Stortini/rigati, Stortoni: Krumme Nudeln, klein/gerillt; krumme Nudeln, groß.

Strangolapreti: Pfaffenwürger.
Diese etwas eigenartige Bezeichnung für Nudeln ist den Pfaffen (Pfarrern) zu verdanken, die ja bekanntlich große Esser (gewesen) sein sollen. Und so geschah es einmal in Neapel, daß einer von ihnen durch allzu gieriges Hinunterschlingen einer riesigen Portion dieser Nudeln fast erstickt wäre.

Strangolapreti aus der Basilikata: Hier gibt es die saure und die süße Version. Zu den kleinen, süßen fritierten Strangolapreti (auch **Conchigliette**) trinkt man gern ein Glas lieblichen Wein.
Bei der anderen Zubereitungsart nimmt man Weizenmehl und kochendes Wasser für den Teig, verrührt ihn schnell mit einem Holzlöffel und arbeitet ihn dann mindestens 15 Minuten durch. Danach 2 Zentimeter große Teigstücke schneiden und mit dem Daumen auf das Nudelbrett drücken, so daß eine Vertiefung entsteht. In reichlich Fleischsoße, die mit Peperoncino geschärft ist, und mit Pecorino werden die Strangolapreti *(strangulapreuti)* gegessen.
Ippolito Cavalcanti gibt den Rat, den Teig halb mit Weizenmehl und halb mit Grieß, etwas Schmalz sowie Salz zu bereiten, sie dann mit Tomatensoße und viel Parmesan zu servieren.

Strangolapreti aus Kampanien: Es handelt sich um **Gnocchi di farina e patate.** Wie im Piemont werden diese Gnocchi mit Mehl und Kartoffeln zubereitet und mit Ragout oder Tomatensoße mit viel Basilikum gegessen.
Roefioej heißen die Strangolapreti in Trient, speziell im Tal Giudicarie, werden aber anders zubereitet. Sie haben wenig mit herkömmlichen Nudeln zu tun. Man bereitet den Teig aus grünen Blättern (Mangold), altbackenem Brot, Eiern, Mehl, Milch und Grana. Daraus formt man kleine Gnocchi, die nach dem Kochen in Butter und Salbei mit viel Käse serviert werden.

Strascinari: Sie gehören neben den ebenfalls hausgemachten **Cavatelli, Orecchiette** und **Fusilli** zu den typischen Nudelsorten der Basilikata.
Die Teigstücke werden über ein spezielles Nudelbrett *(cavarola)* gezogen und bleiben dadurch auf einer Seite rauh und auf der anderen glatt.
Bevorzugt gegessen werden sie mit *cotechinata* (Speckrouladen). Weiche Schweinespeckschwarten werden mit einer Farce aus weißem Speck, Knoblauch und Petersilie bestrichen und in Tomatensoße gegart.

Strascinati: Hausgemachte **Maccheroni** oder **Lasagne.**
In Umbrien ist es sehr verbreitet, Pasta zu Hause herzustellen, wobei man überwiegend Hartweizenmehl für den Teig verwendet.
In den umbrischen Bergen und in Cascia wird diese Pasta gern mit angebratener Wurst gegessen. Verquirlte Eier, Petersilie und Käse werden vermischt über die Nudeln gegossen, in der Pfanne kurz geschwenkt und mit Parmesan bestreut serviert.

Strascenàte, Strascinati chiusi: Hausgemachte Nudeln.
Überwiegend in Apulien, aber auch sonst in Süditalien sind sie verbreitet. In Apulien heißen sie auch **Orecchiette.** Man stellt sie in unterschiedlicher Größe her. Mit Bohnen oder mit frischem Ricotta oder mit einer Tomatensoße werden sie serviert.

Strengozze: Auch **Maltagliate**, hausgemachte, in unregelmäßge Stücke geschnittene Pasta, aus den Abruzzen und der Region Molise.

Stricchetti: Rhomben, in der Mitte zusammengedrückt, klein, aus der Emilia-Romagna.
Der Teig wird mit geriebenem Parmesan verknetet, die Nudeln werden in Fleischbrühe gekocht und mit viel Parmesan gegessen.

Stricchetti: Krawatten, klein, für die Suppe.

Stricchetti bolognesi: Bologneser Krawatten.

Stricchetti tondi: Krawatten, rundbogig.

Stringozzi: Auch **Ceriole**, hausgemachte dicke Spaghetti.
Früher, so erinnern sich die Frauen von Terni in Umbrien, als das Mehl noch von Hand gemahlen wurde, rochen und schmeckten die Stringozzi ausnehmend gut.
Man bereitet sie mit einer Soße aus Knoblauch, Tomaten und Olivenöl. In vielen Haushalten werden diese Nudeln ganz einfach nur mit warmem Olivenöl und kurz angebratenem Knoblauch gegessen. Geriebener Käse wird nicht zugegeben.

Stuzzicarelli: Pastasorte aus den Abbruzzen.

Suricitti, Sorcetti: Gnocchi.
In den Marken in der Provinz von Macerata stellt man kleine Gnocchi aus Mehl und Maismehl her, die in Öl oder Schmalz ausgebacken werden.

Sverzini: Lange Splitternudeln.

Svuotini/rigati: Entleerte, Hörnchen/gerillt.

* TACCONI (ALTI)
„ALLA PUTTANESCA"
(AB 18 JAHREN)

Tacconi: Quadratische oder dreieckige, flache Nudelplatten, die in den Abruzzen, Marken, Umbrien, Molise und Kampanien verbreitet sind.
– *›alla contadina‹:* Nach Bauernart.
Der Teig wird aus Mehl und Wasser bereitet. Zwiebeln, Stangensellerie, süße Paprikaschoten, Knoblauch, Speck, Tomaten und Peperoncino langsam köcheln und zum Anrichten mit Pecorino überstreuen.
– *›alla puttanesca‹:* Eine Zubereitungsart von Ischia; früher nur unter der Bezeichnung ›alla marinara‹ bekannt, heute überall verbreitet. Für die Soße verwendet man Kapern, Oliven, Anchovis, Knoblauch, Tomaten, viel Petersilie, Olivenöl und Gewürze.

Taccozze *›de muline‹:* Quadratische Nudelplatten, aus Süditalien.
Früher ließ man das Mehl für Teigwaren zu Hause oder in kleinen Mühlen mahlen, bereitete die Pasta zu und stellte sie ins Freie zum Trocknen.
Mit Fleischragout oder einfach nur mit Tomatensoße und viel geriebenem Pecorino oder Caciocavallo sind die häufigsten Zubereitungsarten.

Tagliarelli: Schmale Bandnudeln, wie **Tagliatelle.**

Tagliarellini: Wie **Lingue di passero.**

Tagliatelle: Bandnudeln mit Eiern.
Die Tagliatelle gehören zu den traditionsreichen Nudelsorten der Emilia. In den Haushalten werden sie, wenn auch nicht täglich, so doch jeden zweiten Tag frisch hergestellt. Sie sollen 1 ½ cm breit und sehr lang sein.
Ein Spruch, den man immer wieder in dieser Region hört, lautet: »Conto corti, tagliatelle lunghe« (kurze Rechnung, lange Tagliatelle).

Tagliatelle *›alla bolognese‹:* Das klassische Ragout nach Bologneser Art.
– *›della Duchessa‹:* Zu Ehren von Maria Luisa von Österreich hat sich die Bevölkerung von Bozzano bei Bologna eine leckere Soße ausgedacht. Hähnchenlebern in Butter dünsten, mit frischen Kräutern anreichern und verquirlte Eier mit viel geriebenem Parmesan unterziehen.
– *›alla salsa di noci‹:* Im Unterschied zur Zubereitung in Ligurien werden die Walnüsse in Öl und Butter geschmort und frischer Ricotta und Parmesan untergerührt.

Tagliatelle *›con farina di castagne‹:* Eine Spezialität aus der Provinz Parma.
Der Teig besteht aus Kastanien- und Weizenmehl.

Tagliatelle nervate: Bandnudeln, gerippt.

Tagliatelle verdi: Bandnudeln, grün, aus der Emilia-Romagna.
Grüne Tagliatelle sind besonders typisch für Reggio Emilia.
– *›all'emiliana‹:* Der Teig wird mit Spinat, Weizenmehl und Eiern hergestellt. Dann bereitet man eine Béchamelsoße, schüttet einen Teil der kurz gekochten Nudeln in eine Auflaufform, schüttet die Hälfte der Soße mit viel Parmesan darüber und verfährt auf diese Weise, bis alles aufgebraucht ist. Zum Schluß Butter und Käse und zum Überbakken in den Ofen.

Tagliatelline: Wie **Bavettine**.

Tagliati di mezzani, di ziti, di zitoni: Röhrchen, klein; Röhrchen, mittel; Röhrchen, groß.

Taglierini: Bandnudeln, schmal, aus den Marken. Sie sind in der Zubereitung denen aus der Langhe ähnlich. Der Teig wird auch aus Mehl und Eiern hergestellt.
– *›al ragù‹:* Gegessen werden sie mit Vorliebe zusammen mit einem Ragout aus mehreren Fleischsorten, das als Gewürz auch Nelken enthält.

Tagliolini: Bandnudeln, schmal.
›Tagghiarini‹ nennt man sie auf Sizilien. Sie sind hausgemacht mit Weizenmehl und Eiern. Die Form ist unterschiedlich zu den industriell hergestellten.
– *›con sogliole‹:* Zubereitet werden sie mit Seezungenfilet, Zwiebeln, reifen Tomaten, Weißwein, viel Petersilie, Butter und Olivenöl.

Taglioni a nido: Bandnudeln im Nest.

Tajadele *›smalzade‹:* **Tagliatelle** aus dem Trentino.
– *›vitello alla trentina‹:* Ein Stück Kalbsnuß, Butter, Zwiebeln, etwas Mehl, Fleischbrühe, Sahne, Weißwein und Gewürze werden benötigt, um die Tajadele (ohne das Fleisch) nur in der Bratensoße zu essen.

Tajarin: Tagliatelline, schmale Tagliatelle, selbstgemachte Pasta.
Bei dieser Spezialität aus dem Piemont, speziell aus der Region Langhe, handelt es sich um sehr schmale Eiernudeln. Viele Restaurants stellen den Teig aus Weizenmehl und Eigelb (100 g/1 Eigelb) her. In den Haushalten nimmt man meist nur 2 Eier auf 400 g Mehl und etwas Wasser. Mit Butter und Salbei, mit Tomatensoße oder
– *›al brucio‹:* mit der Fleischsoße eines Rostbratens.
Zur Trüffelzeit gibt es die Tajarin
– *›al bianco con tartufi‹:* Mit Butter, Parmesan, etwas Fleischbrühe, weißem Trüffel, Muskatnuß.
– *›tajarin e fagioli‹:* In vielen Familien in und um Asti beginnt mit diesem Gericht der Sommer. Man nimmt die ersten *fave* (dicke Saubohnen), Speck, Zwiebeln, Stangensellerie, Knoblauch, Basilikum, Kartoffeln, Tomaten und Olivenöl, bereitet daraus eine Soße und serviert sie mit den Tajarin und mit reichlich Parmesan.
In bäuerlichen Haushalten war es früher üblich, die doppelte Menge zu kochen, alles bis zum Abendessen ruhen zu lassen, um es dann lauwarm zu servieren. Blieben Reste übrig, wurde am nächsten Tag ein Glas Barbera zugegossen.

Tempestine: Hagelkörner, ›Gewitter‹-Nudeln für die Suppe.

Testaroli: Rhombenförmige Teigstücke, aus der Toskana.
Es waren in dieser Region die ersten aus Mehl und Wasser hergestellten Teigfladen, die man zwischen zwei Platten aus Terrakotta oder Gußeisen auf Glut oder heißer Asche röstete. Dieser hart gewordene Teig wurde dann in bestimmte Formen, z. B. Rhomben, geschnitten, ganz kurz in aufkochendes Wasser geworfen, abgeschüttet und angerichtet. Noch heute gibt es in einigen Orten der Toskana diese Spezialität der *cucina lunigiana.*
Aus Mehl mit einem Anteil Kastanienmehl und Wasser oder etwas Milch (manchmal fügt man auch etwas Öl dazu) und einem Hauch Zwiebeln wird ein Teig bereitet und in flachen Tonformen im Backofen gebacken. Nach kurzem Ausdünsten schneidet man ihn in Rhomben und ißt die Pasta mit Tomatensoße und frischen Kräutern oder
– *›al pesto‹:* mit der berühmten ligurischen Basilikumsoße.
Durch die Nähe zu Ligurien ist diese Art der Zubereitung hier besonders verbreitet.
In manchen Trattorien werden *testaroli falsi* ange-

boten. Wenn auch nicht nach dem Originalrezept zubereitet, schmecken sie doch sehr gut.
Man nimmt nur Mehl und Eiweiß für den Teig, schneidet ihn in Stücke und kocht sie in Salzwasser. Danach wird Ricotta mit Tomatensoße vermischt und mit den Nudelstücken im Ofen gebacken.

Timballo: Ein Auflauf für festliche Anlässe aus einer oder verschiedenen Pastasorten. Zur Präsentation eignet sich eine aus Mürb- oder Pastateig gebakkene Form.
– ›*alla Bonifacio VIII.*‹: Ein einzigartiges und reichhaltiges Gericht, das zu besonderen Gelegenheiten in manchen Trattorien im Latium, vor allem südöstlich von Rom, in Anagni, auf den Speisekarten zu finden ist. Der Name hat seinen Ursprung in dieser Kleinstadt. Von dort ist Benedetto Caetani mit dem Namen Bonifacio auf den Heiligen Stuhl berufen worden und hat als der letzte große Vertreter des päpstlichen Weltherrschaftsgedankens von 1294 bis 1303 regiert.
Der Auflauf wird mit Maccheroni, Hühnerklein, Fleischsoße und -bällchen, Pilzen und Trüffeln bereitet, im Ofen überbacken und gestürzt serviert.

Timpano: Ein Nudelauflauf, der überwiegend in Neapel zubereitet wurde. Viele der Rezepte stammen aus der ersten Hälfte des 19. Jahrhunderts, einige sind aus der Mitte des 18. Jahrhundert von Don Vincenzo Corrado, einem neapolitanischen Abt und Sekretär des Prinzen von Francavilla, in seinem gastronomischen Werk ›Il cuoco galante‹ (1. Aufl. 1773) niedergeschrieben worden.
– ›*di maccheroni ripieni*‹: Dieses Rezept diktierte der Prinz von Francavilla seinem Sekretär Corrado. Die bevorzugte Pastasorte waren Paccheri; man empfahl aber auch Rigatoni.
Die Nudeln wurden in einer Fleischbrühe halbgar gekocht und abgeschüttet. Abgekühlt füllte man sie mit einer Kalbfleischfarce aus Mark, Eiern und Parmesan. In eine flache Form gelegt, mit einer Fleischsoße, angereichert mit Schinkenstreifen und kleingeschnittenen Würstchen, übergoßen, wurde sie zu Ende gegart und erkaltet in eine mit leicht gesüßtem Mürbteig ausgebettete Form eingeschichtet und im Ofen gebacken.

Tofarelle: Muscheln, klein, für die Suppe.

Tofe, Tofette, Tofettine: Muscheln, groß, mittel, klein.

Tondarelli ›*alla chitarra*‹: **Maccheroni alla chitarra.**
– ›*al diavolo*‹: Teuflisch scharfe Maccheroni.

TONDARELLI AL DIAVOLO (SCHARF!)

Tonnarelli: Nudelsorte aus dem Latium.

Tordelli: Gefüllte Teigtaschen.
Sie sind vor allem in der Maremma/Toskana verbreitet, zählen aber auch zu den Spezialitäten der Lombardei und Emilia-Romagna.
Die Füllung besteht aus frischem Ricotta, Spinat oder Mangold, Eiern, Parmesan und Muskatnuß.
In der Garfagnana sind es die **Tordelli** mit einer Füllung aus Hirn, Kalb, Kräutern und Salatblättern sowie einer Fleischsoße.

Tortelli: Gefüllte Teigtaschen.
Die Formen sind quadratisch bis zum Zopfmuster, sie ändern sich von Ort zu Ort und von Familie zu Familie.
Wenn man in der Emilia-Romagna von gefüllter Pasta spricht, denkt man an zwei Zonen: Die ›zona romanica‹ (die Romagna mit Faenza, Ferrara und Imola) und die ›zona longobardica‹ (die Emilia mit den zentral gelegenen Städten Modena und Bologna sowie den Städten Piacenza, Parma und Reggio in westlicher Richtung). Eier sind hier bei der Herstellung von Pasta ein wichtiger Bestandteil, da man ausschließlich Weizenmehl *(grano tenero)* verwendet. Sie haben die Aufgabe, vor allem bei gefüllten Nudelsorten, den Teig beim Kochen zusammenzuhalten.
Der Benutzung von Muskatnuß und Grana oder Parmesan fallen eine ganz bestimmte Bedeutung in der Tradition dieser Küche zu. Die Zutatenpalette für die Füllung ist reichlich, und nicht nur die Gastronomen können erkennen, in welcher Stadt sie hergestellt wurden.
– ›*alle erbette*‹: Das Wichtigste an der Füllung ist ein ganz spezieller Radicchio, der ausschließlich im Umland von Parma wächst und nicht bitter ist. Vorgekocht vermischt man ihn mit Eiern, einem guten Ricotta und Parmesan. Serviert werden die Tortelli asciutti, d. h. nur mit flüssiger Butter und geriebenem Parmesan.

Tortelli aus der Lombardei: Gefüllte Teigtaschen, quadratisch oder dreieckig.
– *›alla cremasca‹:* Eine Spezialität, die mit einer Füllung aus Sultaninen, Amaretti, etwas Minzzukker, Zitronenschale oder Zitronat, Eiern, Butter, einem *mostaccino* (ein Gebäck aus der Stadt Crema) oder mit etwas Marsala bereitet wird. Man kann auch ein Stück Birne oder Pfirsich nehmen. Alles gut verrühren und geriebenes Brot, wenig Fleischbrühe und Parmesan zugeben.
Der Pastateig wird mit Ei, Mehl, Salz und heißem Wasser geknetet. Gegessen werden sie nur mit flüssiger Butter und Parmesan.
– *›di zucca‹:* Mit einer Füllung aus gelbem Kürbis, *mostarda piccante di mele* (kandierte Äpfel in Senfsirup eingelegt), Parmesan, Butter, Amaretti, Eiern, Zitrone, Muskatnuß und einem Schöpflöffel *savor* (sapori), wer davon hat.
Savor besteht aus Birnen, Äpfeln, Quitten, Kürbis und einem Most. Nach Geschmack gibt man Melonensaft, Orangen- und Zitronenschale, etwas Schale einer Wassermelone und Nußkerne dazu. Das Ganze wird kleingeschnitten und 4 Stunden langsam gekocht. In Gläser gefüllt und gut verschlossen hält es sich lange. Man benutzt es für die Füllung der Tortelli oder ißt es zu gekochtem Fleisch oder verwendet es – wie in der Emilia üblich – zum *pan di Natale*, einem Pfefferbrot.
Der Teig wird aus Mehl und Eiern (200 g / 2 Eier) plus Salz hergestellt.
Gegessen werden die Tortelli nur mit flüssiger Butter und Parmesan.
In und um Mantua, vor allem in der *bassa padana*, fehlt dieses Gericht nie bei Weihnachtsessen. In Lodi gibt man Fleischragout zur Füllung und richtet sie ebenfalls mit Ragout an. In Reggio Emilia schmecken sie wieder ganz anders. Viele bevorzugen die Nudeln zum Schluß in Butter gebacken. Allerdings schmeckt diese Spezialität nicht jedem, da in dieser Verbindung das Süßliche vielen fremd vorkommt.

Tortellini aus der Emilia: Teigtaschen, gefüllt.
Tortellini wird abgeleitet von *tortello, piccola torta,* und das meint kleine Törtchen.
Sie sind in Bologna geboren; doch auch Modena beansprucht die Vaterschaft, weshalb es zwischen beiden Städten von jeher Streit um diese Erstgeburt gegeben hat.
Sie werden meist quadratisch oder rhombenförmig vorbereitet, an den Seiten umgeschlagen, damit die Ecken oben zusammentreffen; es entsteht ein Hohlraum, der die Tortellini wie Ringe aussehen läßt. Ihre Form ist sehr schön, und je kleiner sie sind, um so mehr gehen auf den Löffel, sagen die Einheimischen, die die Füllung *›l'anma‹ (anima dei tortellini),* nennen. Es ist ›die Seele‹ der Tortellini, und die muß ganz besonders gut sein: roher Schinken, Mortadella, geräucherte Schweinelende, Eier, Parmesan und Muskatnuß. So opulent wie ihr Inhalt soll auch die Fleischbrühe sein, in der sie gekocht werden. Sie soll mindestens aus zwei Sorten bestehen: Kapaun und Rind. »Geboren, um in Fleischbrühe zu sterben«, denn nur die Brühe hebe den Geschmack der Seele hervor.

Tortellini aus Venetien: Teigtaschen, gefüllt.
In Valeggio sul Mincio in der Provinz Verona gibt es die ausgezeichneten Tortellini, die den Einfluß des nahegelegenen Mantua verspüren. Ein überliefertes Rezept von 1919 gibt Einzelheiten über den Teig preis, nicht aber die vollständigen Angaben über die Füllung. Aus 1 kg Weizenmehl und 7 Eiern, ohne Salz und Wasser bereitet man den Teig. Oberstes Gebot ist, ihn hauchdünn auszurollen.
Die Füllung besteht aus Kalbsbraten, Rind- und Hühnerfleisch, Ei, Parmesan und ... ? Diese Punkte sind das Geheimnis der Köchin.

Tortelloni: Tortellini, groß.

Tortiglioni: Röhrennudeln, kurz.
Sie sind nur in Kampanien wie **Ricciole**, dicke Schrauben.

Tortiglioni/tricolori: Schraubennudeln/dreifarbig.

Tortini: Törtchen, kleinste Hörnchenform.

Treccine: Zöpfe, kurz.

Trenette, Trinette: Schmale, flache Nudeln, lang.
Abgeleitet von *trena (stringa, cordella),* was soviel bedeutet wie Schnürband, sind die Trenette den **Linguine** ähnlich. Sie sind in Ligurien beheimatet und für die Küstenspezialität ›Pesto alla genovese‹ die ideale Pastasorte.

Trenette *›avantaggiate‹:* Sie sind ebenfalls in Ligurien zu finden, unterscheiden sich jedoch in der Farbe durch den Anteil an Kleie.
– *›alla genovese‹:* Trenette mit genuesischem Pesto und jungen Kartoffeln.

Triamelli: Spezialsorte, Drei-Loch-Nudeln, kurz.

Trifogli: Kleeblattnudeln (dreiblättrig).

Triilli: Cavatelli oder **Cecatelli**.
Eine Pastasorte aus Kampanien.
– *›con le noci‹:* Mit Walnußsoße.
Aus Walnüssen, Olivenöl, Knoblauchzehen, Peperoncino und Petersilie eine Soße bereiten.

Tripoline: Bandnudeln, an einer Seite gekräuselt, wie **Signorine**, in Süditalien verbreitet.

Trivelli: Bohrer, Röhrennudeln, wie **Tortiglione.**

Tròccoli: Hausgemachte Nudeln, wie **Maccheroni ›al rintrocilo‹.**
Das Gerät, mit dem die Nudeln hergestellt werden, heißt in Apulien *tròccolo.*

Trofie: Hausgemachte Nudeln, klein, wie leicht gedrehte Schrauben, aus Ligurien.
Sie sind sehr typisch für die Gegend um Camogli bis Bogliasco; man findet sie aber auch an der Riviera di Ponente in Pastageschäften, die selbstgemachte Ware anbieten.
Der Teig besteht aus Weizenmehl und Kleie. Es gibt Haushalte, die anstelle der Kleie Kastanienmehl verwenden. Mehl, Kleie und Wasser werden zu einem Teig verarbeitet, kleine Kugeln geformt, die man mit den Zinken einer Gabel flach rollt. Manche benutzen ein kleines Stöckchen aus Holz; besonders Geschickte rollen den Teig nur mit den Fingern.
Besonders beliebt sind die Trofie mit grünen Bohnen, neuen Kartoffeln und Pesto.

Tubetti, lunghi/rigati: Tübchen, lang/gerillt.

Turti, Turtei *›cu la cua‹:* **Tortelli con la coda.**
Es handelt sich um rechteckige Teigstücke mit einer Drehung an beiden Seiten, sie sehen aus wie eingepackte Bonbons und stammen aus der Emilia-Romagna.
In Piacenza werden die Nudeln mit Ricotta, Spinat, (sowie etwas Mascarpone), Parmesan, Eiern gefüllt und mit Muskatnuß abgeschmeckt.

Turtlò: Tortelloni, halbmondförmig.
Sie sind in der Emilia-Romagna verbreitet.
In Bologna macht man sie mit einer Füllung aus Ricotta, Parmesan, Petersilie, Eiern und schmeckt mit Muskatnuß ab.

U

U'cazini: Calzoncini, gefüllte Teigtaschen.
Halbmondförmig oder rechteckig gibt es sie in der Basilikata/Lukanien.
In Matera werden sie mit Ricotta und Eiern gefüllt, mit etwas Zucker und Zimt, Muskatnuß oder Vanillin abgeschmeckt.

'U pastizu: Gefüllte Säckchen wie **Fagottini**, aus Sizilien.
Der Teig wird aus Hartweizenmehl, Bierhefe, Wasser, Bicarbonat, Olivenöl und Salz bereitet.
Für die Füllung verwendet man Spinat, Ricotta, Caciocavallo oder Primosale, Salami und Öl.
Die gefüllten Säckchen in eine Auflaufform setzen und im Ofen backen.
Es gibt recht viele Rezepte dieser Art auf der Insel, zu denen auch die *pidoni* mit Ricotta oder Gemüse und die *sfincione* zählen. Der Teig wird meist mit Hefe angesetzt; die Füllung besteht aus Käse und Oliven, Tomaten, Kartoffeln, Zwiebeln und Sardellen.

Umbricelli, Umbrici: Spaghettoni, hausgemacht, aus Umbrien.
Besonders in Perugia ist diese Nudelsorte verbreitet.

V

Vermicelli: Fadennudeln, sehr dünn.
›**Virmicieddi**‹ ist eine Dialektbezeichnung auf Sizilien; man nennt sie aber auch ›**filàti**‹.
Tria, tri oder **trij** ist eine arabische Vokabel und benennt eine fadenförmige Pastasorte *(filiforme)*, die später mit dem Wort Vermicelli verbunden wird. Ihre Spuren gehen zurück bis ins Jahr 1000. Trij bezeichnet eine Pasta aus Sizilien, die auch exportiert worden ist.
Ein Grund anzunehmen, daß es sich um Pasta secca aus Hartweizen handelte. Lombardische Miniaturen des späten 14. Jahrhunderts belegen, daß man die *trij* auch dort kannte.

Vermicelli aus den Abruzzen.
– *›in salsa abruzzese‹:* Viel Petersilie, Zwiebeln, Kürbisblüten, etwas Fleischbrühe, Olivenöl, Safran, ein Ei und Pecorino nimmt man hier für die Soße.

Vermicelli aus Apulien.
– *›ai granchi‹:* Mit Krebsen, die in einer Tomatensoße geschmort werden. Mit frischen Kräutern reichert man in Gallipoli diese Soße an.

Vermicelli aus Kampanien.
– *›alla carrettiera‹:* Eine leichte Veränderung zu den vielen Rezepten aus der Campania. Früher wurde oft anstelle von Käse geröstetes und geriebenes Brot verwendet. Besonders häufig war dies im Süden Italiens der Fall. Auch bei diesem Rezept ersetzt das Brot den geriebenen Käse. Man nimmt dazu noch Knoblauch, Petersilie, Zwiebeln, frischen Oregano und Olivenöl. Dieses Gericht ist einfach, gut und schnell zubereitet.
– *›alla salsa del '700‹:* Es handelt sich dabei um eine Soße aus frischen Tomaten, Knoblauch, Peperoncino, viel Basilikum, Olivenöl, Zimt, Nelken und etwas Fleischsoße.

Vermicelli aus dem Latium.
– *›all'amatriciana‹ oder ›alla gricia‹:* Amatrice und Griciano, zwei Orte bei Rieti im Latium, haben diesem Gericht den Namen gegeben.
Eine Spezialität, die bei dem großen Fest im August in Amatrice *(sagra)* in Garküchen unter

freiem Himmel angeboten wird. Man bereitet sie oft mit Bucatini und Spaghetti zu.
Die Soße soll aus einem wenig gesalzenen, gut abgehangenen Bauchspeck (guanciale), am besten aus den Bergen, römischem Pecorino und Peperoncino bestehen. Nicht selten ergänzt man die Soße mit Tomaten.

Vermicelli Spezialität aus San Martino.
– *›alla sammartinese‹:* mit einer Soße aus einem guten Olivenöl, Knoblauch und Peperoncini. Auch in anderen Regionen bereitet man **aglio e olio** so zu. In Kalabrien ergänzen noch Sardellen (in Salz), geriebenes Brot und Petersilie die Soße.
– *›con marozze‹:* Marozze sind Weinbergschnecken. Man nennt sie auch *monacelle.* Eine Soße aus Tomaten, Schnecken, Olivenöl, Knoblauch, Petersilie und rotem Pfeffer.

Vermicelli aus Sizilien.
– *›alla siciliana‹:* Zubereitet werden sie mit Tomaten, Auberginen, Paprika, Knoblauch, schwarzen Oliven, Kapern, Basilikum, Sardellen und Olivenöl.
– *›alla siracusana‹:* Mit frischen Tomaten, Kapern (in Salz), gelber Paprikaschote, Aubergine, Knoblauch, Sardellen, Basilikum, schwarzen sizilianischen Oliven, Olivenöl und Pecororino oder Caciocavallo.

Vermicellini: Wie **Spaghettini.**

Vermicelloni/giganti: Wie **Spaghettoni**/gigantisch.

Vincisgrassi: Lasagne aus den Marken.
In Ancona ist es üblich, den Teig aus 500 g Weizenmehl, 300 g Grieß, 5 Eiern und Marsala oder Vin Santo zu bereiten.
Dazu stellt man ein Ragout aus Hühnerklein, Hirn und Rückenmarkssträngen, Bries, Butter, fettem Schinken oder Speck, Gemüse zum Anbraten, Weißwein, Tomatensoße, Fleischbrühe und etwas Milch her. Eine Béchamelsoße und viel Parmesankäse werden abwechselnd mit den kurz gekochten Nudeln in eine Auflaufform gegeben und überbacken.
Der Fürst Windischgraetz kam 1799 in Ancona an, um die Stadt von den napoleonischen Truppen zurückzuerobern. Der Österreicher bekam diese Nudeln mehrmals serviert, und es wurde ihm nie leid, sie zu essen. So überlegten sich die Einheimischen, ihrem Auflauf seinen fürstlichen Namen zu geben. Da man auf Aussprachprobleme stieß, wurde Windischgraetz *vincisgrassi.*

Z

Zembi d'arziglio (d'arzillo): Ravioli mit Fischfüllung, quadratisch, aus Ligurien.
Die Füllung bereitet man aus verschiedenen Fischsorten, Ei und Parmesan, Ricotta, Borretsch. Manchmal verwendet man auch Pinienkerne und Sardellen. Grünes Blattgemüse oder wilde Kräuter nimmt man immer.

Zite: Unterschiedlich große Lochnudeln, kurz und lang, aus Sizilien.
– *›al pomodoro e tonno‹:* Mit einer Soße aus frischen Tomaten und Thunfisch, Zwiebeln oder frischem Knoblauch, Sardellen und Olivenöl.

Zite ripiene: Dicke Lochnudeln zum Füllen.
Dieses Gericht gibt es in speziell in Caserta; im übrigen Kampanien ißt man es mit unterschiedlichen Füllungen. Eine Farce aus Schweinefleisch, mit Schmalz, Zwiebeln, weicher Salami, Caciocavallo, Gewürzen und Eiern herstellen und die Nudeln damit füllen. Mit Käse überstreuen und kurz im Backofen gratinieren.
– *›di magro‹:* Hier fehlt das Fleisch, das durch Ricotta und viele frische Kräuter ersetzt wird.

Zite aus Apulien *›con ciambotto‹:* Mit einem Fischragout (aus verschiedenen Fischsorten) macht man diese Teigwaren in Bari.

Zitoni: Große Ausführung der Zite.

Kleines Lexikon der Zutaten

Acciughe salate o in olio Anchovis, gesalzen oder in Öl
Aglio Knoblauch. Besonders bekömmlich und zart im Geschmack ist der junge Knoblauch mit dem frischen Grün. Die ›Seele‹ (Keim) sollten Sie bei älteren Knollen entfernen.
Alici Sardellen, frisch oder tiefgefroren
Anatra Ente
Anguilla Aal
Asparagi Spargel

Basilico Basilikum gibt es groß- und kleinblättriges. Man kann fast behaupten, daß es neben der Petersilie zu den beliebtesten Küchenkräutern gehört. Die Ligurer bereiten ihr Pesto gern mit der kleinblättrigen Sorte zu, aber auch mit dem bei uns erhältlichen erreicht man ein gutes Ergebnis.
Bitto Ein vollfetter Kuhmilchkäse aus Valtellina. Frisch ist er mild und cremig, ein- bis zweijährig hart und pikant.
Bottarga Es ist der Rogen der Meeräsche oder des Thunfisches, es gibt ihn frisch, getrocknet und als Pulver im Handel.
Burro Butter wird hauptsächlich in Nord- und Mittelitalien verwendet.

Caciocavallo Birnenförmiger Kuhmilchkäse, weich bis hart, würzig, oft auch geräuchert, bis zu zwei Kilogramm schwer und fast immer an einer Schnur aufzuhängen. Ein ursprünglich sizilianischer Käse, der heute überwiegend im Süden Italiens hergestellt wird.
Carciofi Artischocken
Caviale Kaviar
Ciavarre Junges, noch nicht trächtiges Schaf
Cime di rapa Rübensprossen
Cotica Speckschwarte

Erbette Kräuter

Farina di grano duro Hartweizenmehl
Fave Dicke Saubohnen
Fegatini di pollo Hähnchenleber
Fontina Vollfetter, strohgelber Kuhmilchkäse aus dem Aosta-Tal von weicher, elastischer Konsistenz. Er ist mild und aromatisch nach fünf Monaten und wird pikanter nach längerer Reifezeit. Er eignet sich besonders gut für Aufläufe und Soßen.
Frutti di mare Auswahl von Schaltieren und Tintenfischen
Funghi Pilze

Groviera Gruyèrekäse, auch Greyerzer. Ein kleindurchlöcherter Vollfett-Käse aus der Schweiz und aus Frankreich. Er ist ideal zum Kochen, da er keine Fäden zieht.
Guanciale Schweinebacke

Lepre Hase
Luganeghe Im Tessin und in Oberitalien verbreitete meterlange, dünne frische Schweinswurst. Manchmal auch gewürzt.

Mascarpone In keine Form gepreßter, sehr cremiger Doppel- bis Dreifachrahmkäse mit mildem Geschmack. Eignet sich gut für Soßen und vermischt mit Likör für Süßspeisen und Kuchen. Es gibt ihn lose oder in Plastikdosen im Handel.
Melanzane Auberginen oder Eierfrüchte. Es gibt sie in verschiedenen Formen und Farben im Handel. Purpurrot bis violett, rundlich und lang, klein und groß, mit dünner und fester Schale. Vor der Zubereitung mit Salz bestreut entzieht Flüssigkeit und somit Bitterstoffe.
Menta Minze
Minestra Suppe
Minestrone Dicke Gemüsesuppe
Mollica Brotkrume

Olio di oliva, – vergine, – extra vergine Beim Olivenöl ist höchste Vorsicht geboten. Es gibt sehr viel gepanschtes Öl auf dem Markt. Wenn Sie es zum Rohessen verwenden wollen, kaufen Sie sich ein ›Jungfernöl‹ aus erster Pressung mit wenig Säure: Es ist nicht billig, doch es ist das Beste von allen. Eine einfachere und preiswertere Qualität ist das Olivenöl ›vergine‹, und weiter unten einzustufen ist das ›reine‹ Olivenöl, raffiniert und mit anderen Olivenölen verschnitten.

Pancetta Luftgetrockneter Bauchspeck, der flach und gerollt angeboten wird.
Parmigiano Parmesan gehört zu den *formaggi di grana,* das heißt harter, körniger Käse. Er wird unter strengen Regeln in der Gegend um Modena, Reggio Emilia, Bologna und Parma hergestellt, ist immer an seiner über die ganze Kruste verteilten Namensprägung erkennbar und trägt zu Recht den Namen ›König der Käse‹.
Leider ist der Name ›Parmesan‹ nicht geschützt. Begreiflich deshalb, daß der im Handel in Tüten oder Dosen angebotene angebliche Parmesan oft alt und ranzig ist und nicht den gewohnten Geschmack aufweist. Aller Käse kann gerieben in diese Packungen gelangen.
Nach einer Reifezeit von einem Jahr eignet er sich ausgezeichnet als Dessertkäse. Ein zweijähriger Parmesan kann schon zum Reiben verwendet werden. Kaufen Sie sich immer den Parmesan am Stück, auch wenn Sie ihn im Geschäft reiben lassen möchten.
Den *grana padano* (der billigere Bruder vom Parmesan) stellt man überwiegend in der Lombardei her. Er reift 6 bis 24 Monate.

Pecorino Schafskäse. Er gehört zu den ältesten Käsesorten Italiens und ersetzt im Süden Italiens oft den Parmesan.
Am meisten wird der *pecorino da grattugiare* verwendet.
Pecorino toscano ist milder als alle anderen. Er wird frisch und nach einer Reifezeit von vier Monaten als Dessertkäse gegessen. Nach acht Monaten kann man ihn zum Reiben nehmen.

Pecorino romano ist ein halbfettter und etwas pikanter Käse mit einer dunkelbraunen Rinde.

Pecorino sardo oder einfach nur Sardo genannt kann schon nach einem Monat gegessen werden, da er in einer Salzlake reift. Zum Weiterreifen nimmt man ihn heraus, und nach sechs Monaten ist sein Geschmack ideal. Besonders geeignet für das Pesto.

Pecorino siciliano oder *pecorino pepato* enthält Pfefferkörner.

Pecorino pugliese ist leicht pfeffrig, wenn die Schafe auf den Murge-Weiden, auf denen der Mastixstrauch wächst, weiden können. Die Reifezeit beträgt etwa sieben Monate.

Pepe Schwarzen und weißen Pfeffer, rote Pfefferknospen, grüne (auch eingelegte) Pfefferkörner sollten Sie immer vorrätig haben.

Peperoncino Kleine rote, scharfe Pfefferschoten. Achten Sie darauf, bei den kleinen feurigen Schoten die Kerne zu entfernen.

Pomodori, freschi o pelati Ganze Tomaten, frisch oder aus der Dose. San Marzano ist die verbreitetste Sorte und wird überwiegend im Süden angepflanzt.
Die kleinen Tomaten aus der Region Kampanien, dort vor allem die, die am Fuß des Vesuv wachsen, sind die allerbesten.

Pomodorini (›spunzilli‹ o ›della montagna‹) Kleine Strauchtomaten, die sich (frisch und getrocknet) besonders gut für Soßen und Suppen eignen.

Pelati (geschälte Tomaten aus der Dose, im eigenen Saft) Beim Kauf sollten Sie auf diese Bezeichnung achten.

Passato di pomodoro (durchpassierte Tomaten, Tomatenpüree wird in Flaschen oder Packungen angeboten).

Polpa di pomodoro (Tomatenpüree mit kleinen Stückchen)
Estratto (Tomatenmark ist in Dosen und Tuben in unterschiedlicher Konzentration erhältlich).

Preboggion Ein Kräutersträußchen aus der Levante (Ligurien). Wildwachsende und Gartenkräuter für die Pansoti.

Prosciutto Ein gesalzener und luftgetrockneter Schinken, den es in verschiedenen Reifestadien gibt. Die Lagerzeit beträgt im allgemeinen zehn Monate bis zwei Jahre.

Provolone, dolce, piccante e affumicato Ein Süditalienischer Käse, den es mild, pikant und geräuchert im Handel gibt. Reifedauer von zwei bis vier und mehr Monaten.
Soll er geräuchert werden, macht man dies nach einer Woche und lagert ihn noch weitere zwei Monate.

Ricotta, salata e affumicata Ein milder, sehr delikater weicher Frischkäse aus Kuh- oder Schafsmilch, der für die Füllungen von Pasta unersetzlich ist.
Aufgrund seines zarten Aromas nimmt man ihn gern für Süßspeisen und Torten.
Es gibt ihn auch gesalzen und geräuchert, dann ist er gut zum Reiben geeignet.

Salamelle, Salsicce (casalinga) Würste, die meist luftgetrocknet, fein bis grob, weich bis fest, manchmal auch pikant sein können und fast ausschließlich aus Schweinefleisch bestehen. Jede Region hat ihre eigene Sorte.

Sale grosso Grobes Meersalz eignet sich gut zum Kochen von Pasta.

Salmone Lachs

Scamorza Süditalienischer Kuhmilchkäse

Selvaggina Wildbret

Stracotto / Stufato Schmorbraten wird sehr viel für Raviolifüllungen verwendet.

Tartufi Weiße und schwarze Trüffel, frisch und eingelegt werden sie zum Überhobeln und für die Füllungen verwendet.

Toma, tometta, tomino Käse aus dem Piemont. Es können Käse aus entrahmter, teilentrahmter und aus Vollmilch, Ziegen- oder Schafsmilch, oder einer Kombination aus verschiedenen Milchsorten sein.
Feste und weiche, kleine und große mit unterschiedlicher Reifezeit gibt es im Handel.

Uova Frische Eier sind sehr wichtig bei der selbstgemachten Pasta.
Achten Sie beim Kauf unbedingt darauf.

Vin Santo ›Heiliger Wein‹, Dessertwein aus der Toskana

Zafferano Safran

Adressen

ANSCHRIFT DES MUSEUMS:

Museo Nazionale delle Paste Alimentari
Palazzo Scanderbeg, Piazza Scanderbeg, 114/120
(In unmittelbarer Nähe der Fontana di Trevi)
00187 Roma
Telefon 0039-6-6991119
Fax 0039-6-6991109

ANSCHRIFTEN DER RESTAURANTS:

Relais & Château
Ristorante »Don Alfonso 1890«
Corso S. Agata, 11
80064 S. Agata sui due Golfi/Napoli
Telefon 0039-81-8780026
Fax 0039-81-5330226
Ruhetag: vom 1. Juni bis 30. September nur am Montag, sonst auch am Dienstag
Ferien machen Livia und Alfonso vom 10. Januar bis 25. Februar.
Für Ihre Ferien bieten Livia und Alfonso drei sehr schöne Appartements an.

Im landwirtschaftlichen Gut »Le Peracciole« wird unter Alfonsos Leitung eines der besten Olivenöle der Region produziert und vieles angebaut, was die Köche in dem Zwei-Sterne-Restaurant verarbeiten.
Einen ausgezeichneten Zitronenlikör, den *limoncello,* stellt Livia unter großer Sorgfalt mit ihren eigenen Zitronen her und verkauft ihn neben einem köstlichen Honig, Ziegenkäse, verschiedenen Würsten (Salumi), Grappa und einer großen Auswahl an internationalen Weinen und vor allem denen aus ihrer Region Kampanien. Eine außergewöhnlich gute Butter wird von einem Bauern nach einem alten Verfahren für das Restaurant hergestellt.

Ristorante »Le Piramide di Rosano«
Via di Rosano, 198
50012 Bagno a Ripoli/Località Rosano
8 km von Florenz
Telefon 0039-55-6519000
Ruhetag: Montag
Ferien von Mitte Januar bis Mitte Februar; zehn Tage im August (um Ferragosto)

Ristorante »La Mora«
Via Sesto di Moriano, 1748
Lucca
Località Ponte a Mariano
Telefon 0039-583-406402
Fax 0039-583-406135
Ruhetag: Mittwoch

In der dazugehörenden Enoteca werden Produkte der Region, vor allem eine hervorragende Auswahl an Weinen der Region, Olivenöl, das Angela Brunicardi in ihrer Küche verwendet, und Grappa angeboten.

Ristorante »La Tenda Rossa«
Piazza del Monumento, 9/14
Cerbaia Val di Pesa/Firenze
Telefon 0039-55-826132
Fax 0039-55-825210
Ruhetag: Mittwoch und Donnerstag mittag
Ferien im August

Ristorante »Gauguin«
Via degli Alfani, 24r
Firenze
Telefon 0039-55-2340616
Ruhetag: Sonntag
nur abends geöffnet
Ferien im August

Ristorante »La Cucina Dell' Arte«
Fedelhören 36
28203 Bremen
Telefon 0421-321115
Ruhetag: Sonntag

Trattoria detta »Del Bruxaboschi«
Via Mignone, 8
Genua, Frazione San Desiderio
Telefon 0039-10-3450302
Fax 0039-10-3451429
Ruhetag: Sonntag abend und Montag
Ferien im August und um Weihnachten

Ristorante »La Via Romana«
Via Romana, 75
18012 Bordighera/Imperia
Telefon und Fax 0039-184-266681
Ruhetag: Mittwoch und Donnerstag mittag
Ferien: 2 Wochen im September

Einkaufstips

Auf meinen Reisen durch Italien habe ich mich in der Vorbereitung auf dieses Buch viel im Süden, vor allem in und um Neapel aufgehalten. Eindrucksvolle und nachhaltige Erinnerungen sind geblieben, und sicher werde ich an anderer Stelle mehr darüber schreiben. Doch einige wenige Einkaufstips möchte ich geben.

Für Weinliebhaber gibt es etwas Besonderes.
Die »Cantine Grotta del Sole« produziert sechs nennenswerte Weine: *Falanghina dei Campi Flegrei, Gragnano, Piedirosso o »Per' 'e Palummo«, Lettere, Lacryma Christi del Vesuvio* und *Asprinio d'Aversa*, der Tafelwein, von dem Veronelli sagt, er sei »emozionante, fragile, ben lavorato ed elegante«. (Spannend, weich, gut entwickelt und elegant.)

Wollen Sie sich einen Eindruck verschaffen, wie die Traubenlese für den *Asprinio* durchgeführt wird, dann machen Sie zur Zeit der Weinlese von Ihrem Urlaubsort einen Ausflug nach Aversa in die Provinz Caserta. Sie können den Traubenlesern bei der Arbeit zuschauen. Mithelfen ist ausgeschlossen, da nur die älteren und erfahrenen Männer in der Lage sind, auf den hohen, ganz schmalen Holzleitern zu stehen, die Trauben an den bis zu stattlichen 15 Meter hohen Weinstöcken zu ernten und es verstehen, ohne herabzusteigen, die Leitern weiterzubewegen.

Die Weine können Sie in der »Enoteca del Buon Bere«, Via Turchi, 15 oder in der »Enoteca Partenopea«, Viale Augusto in Neapel oder in Sorrent in der »Enoteca Lago«, Via San Cesario kaufen.

Weitere Informationen über:
Cantine Grotta del Sole
Via Spinelli, 2
80010 Quarto/Napoli
Telefon und Fax 0039-81-8769470

Einen »großen« Wein, den *Aglianico del Taburno Doc*, der in Foglianise/Benevento von der Cantina Sociale del Taburno abgefüllt wird, können Sie dort direkt käuflich erwerben.

Den Wein *Greco di Tufo Doc* erhalten Sie in der Provinz Avellino in der Weinkellerei Azienda agricola »Giulia« di Mario Freda in Prata di Principato Ultra/Avellino, bei »Cavalier di Filippi« in Manocalzati, bei »Mastroberardino« in Altripalda oder bei »Vadiaperti« in Montefredane.

Es lohnt, einen Abstecher zu Vincenzo Citro im CASEIFICIO VALTUSCIANO, Statale 10 km 75+600 Meter in 84091 Battipaglia/Salerno zu machen. Er produziert die Käse aus der Region Kampanien: Mascarpone di bufala, caciocavalli bianchi ed affumicati, mozzarella, provola affumicata, ricotta. Sie sind so gut und sogar bis im weitentfernten Amerika begehrt.

Livias und Alfonsos gute Butter habe ich schon erwähnt. Sie hebt sich geschmacklich ganz besonders ab von allen anderen Buttersorten in der Umgebung. Wenn Sie die Möglichkeit haben, fahren Sie zu »Valestra« in Monticchio (Comune di Massalubrense/Sorrent). Dort gibt es auch einen besonders guten *fiore di ricotta.*

Tomatenkonserven bekommen Sie überall. Ich erwähne hier nur zwei besonders gute Sorten: die »Nobili del S. Marzano« und die »Nobili del mediterraneo« von CIRIO.

Die Pastasorten und vor allem die Spezialformate der in Gragnano ansässigen *Pastifici Afeltra – D' Apuzzo – Mario D' Apuzzo di Sebastiano – Di Martino Gaetano & F.LLI – Di Nola – Gaetano Faella e Figli – Lucio Garofalo – Liguori – Pastai Gragnanesi Soc.Coop.* sind in Neapel und Umgebung überall erhältlich. Sie sind vermehrt auch im deutschsprachigen Raum zu finden.

Neben dem sehr guten ligurischen Olivenöl verwende ich neuerdings gerne das des *Consorzio Olio Extra Vergine Di Oliva* der 'terre del Chianti Classico'. Dem Consorzio gehören mehr als 120 Erzeuger an. Die dort gewonnenen Extra-Vergine-Olivenöle sind unvergleichlich in ihrem Geschmack und eignen sich besonders gut für die mediterrane Küche.

Informationen erhalten Sie bei:
CONSORZIO OLIO EXTRA VERGINE DI OLIVA
'terre del CHIANTI CLASSICO'
ufficio marketing
Via Scopeti, 155
S. Andrea in Percussina
50026 San Casciano V. P./Firenze
Telefon 0039-55-8228245-6-7
Fax 0039-55-8228173

Register der Rezepte